**"ධම්මෝ හි වාසෙට්ඨා, සෙට්ඨෝ ජනේතස්මිං
දිට්ඨේ චේව ධම්මේ, අභිසම්පරායේ ච."**

වාසෙට්ඨයෙනි, මෙලොවෙහි ත්, පරලොවෙහි ත්
ජනයා අතර ධර්මය ම ශ්‍රේෂ්ඨ වෙයි !

- අග්ගඤ්ඤ සූත්‍රය - භාගයවත් බුදුරජාණන් වහන්සේ

අපේ ආච්චිගේ ලස්සන බණ කතා - 02

පූජ්‍ය කිරිබත්ගොඩ ඤාණානන්ද ස්වාමීන් වහන්සේ

© සියලුම හිමිකම් ඇවිරිණි.

ISBN : 978-955-687-173-9

ප්‍රථම මුද්‍රණය	:	ශ්‍රී බු.ව. 2562 ක් වූ ඉල් මස පුන් පොහෝ දින
සම්පාදනය	:	මහමෙව්නාව භාවනා අසපුව වඩුවාව, යටිගල්ඔළුව, පොල්ගහවෙල. දුර : 037 2244602 info@mahamevnawa.lk | www.mahamevnawa.lk

පරිගණක අකුරු සැකසුම, පිටකවර නිර්මාණය සහ ප්‍රකාශනය :

මහාමේඝ ප්‍රකාශකයෝ
වඩුවාව, යටිගල්ඔළුව, පොල්ගහවෙල.
දුර : 037 2053300, 076 8255703
mahameghapublishers@gmail.com

මුද්‍රණය	:	ලීඩ්ස් ග්‍රැෆික්ස් (පුද්.) සමාගම, අංක 356 E, පන්නිපිටිය පාර, තලවතුගොඩ. ටෙලි: 011-4301616 / 0112-796151

අපේ ආච්චිගේ ලස්සන බණ කතා

02

පූජ්‍ය කිරිබත්ගොඩ ඤාණානන්ද ස්වාමීන් වහන්සේ

මහාමේඝ
MAHAMEGHA

ප්‍රකාශනයකි

පෙරවදන

"අපේ ආච්චිගේ ලස්සන බණ කතා" නමින් ඔබ අතට මේ පත්වන්නේ මහාමේඝ පුවත්පතට මවිසින් ලියන ලද කතා එකතුවකි.

තෙරුවන් සරණෙහි මනාව පිහිටීමෙහි ආනිශංස, නුවණින් පින් රැස්කිරීමේ ආනුභාවය, ලංකා ඉතිහාසය, අසත්පුරුෂ ඇසුරක ඇති භයානකකම, සත්පුරුෂ ආශ්‍රයෙහි ඇති උතුම් ලාභය, කල්ප විස්තර ආදී ඉතා වැදගත් තොරතුරු ඇතුලත් දහම් කරුණු රැසක් මෙහි ඇත්තේය.

මේ කතා ලිවීම සඳහා මවිසින් පාදක කොට ගත්තේ සද්ධර්මාලංකාරය නමැති පැරණි බණ පොත ය. මේ අනගි කතාවන් නිතර කියවමින් තමන්ගේ දහම් දැනුම දියුණු කරගෙන ජීවිතය සාර්ථක කරගැනීමට උත්සාහවත් වෙන්න.

හැම දෙනාටම තෙරුවන් සරණයි!

මෙයට,
ගෞතම බුදු සසුන තුළ මෙත් සිතින්,
පූජ්‍ය කිරිබත්ගොඩ ඤාණානන්ද ස්වාමීන් වහන්සේ
ශ්‍රී බුද්ධ වර්ෂ 2562 ක් වූ ඉල් මස 01 දා

මහමෙව්නාව භාවනා අසපුව
වඩුවාව, යටිගල්ඔළුව,
පොල්ගහවෙල.

01

මට දවසක් ආච්චි කියාපු කරුණක් මතක් වුනා. ඉතිං මං ආච්චි ළඟට ගිහිං වාඩි වුනා.

"ආච්චි... මං ආච්චිගෙන් අහන්ට ම යි හිටියේ.... අනේ ආච්චි... මට නං මේ ගැන කියන්ට ම ඕනෑ ඕං."

"එතකොට ආච්චි දත් නැති කටින් හිනැහිලා මගේ හිස අතගෑවා. "හරි මයෙ පුතේ... ඉතිං ඔයා අහන්ට එපායැ ඉස්සරියෙං.... ඊට පස්සේ මට කියන්ට බැරියැ."

"ආච්චි... මේ.... මට ඔයාගෙන් අහන්ට ඕනෑ වුනේ මේකයි. දැන් ඔයා ගොඩාක් ආසාවෙන්, ගොඩාක් ඕනෑකමින් සිල් ගන්නවා නේ. දන් පින්කම් කරනවා නේ.... ඔයා දවසක් කීවා වගේ මට මතකයි ලබන ආත්මේ නං සක්දෙවිඳුන් ගාව දිව්‍යපුත්‍රයෙක් වෙලා ඉපදෙන්ටයි ආසා කියලා. ඇත්තට ම ආච්චි.... ඔයා ආසා දිව්‍යපුත්‍රයෙක් වෙන්ට ද, නැත්නම් දෙව්දුවක් වෙන්ට ද?"

එතකොට ආච්චිට ආයෙමත් හිනා ගියා. "හෝ... මයෙ පුතාට හොඳට මතකයි නොවැ.... ඔව් පුතේ... මං ඒකට තමා කැමති. මට පුතේ ඔය අදහස ඇති වුනේ කතාවක් අහන්ට ලැබිලා."

"අනේ.... මොකක්ද ආච්චියේ ඒ කතාව...?"

"පුතේ.... මේන්න මේකයි ඒ කතාව. අපේ බුදුරජාණන් වහන්සේ ජීවමානව වැඩ උන්නු කාලේ තමයි මේක උනේ... පුතේ... ඔයා අහලා තියෙනවා නෙ අපේ භාග්‍යවතුන් වහන්සේ උපන් රාජධානිය. කිඹුල්වත්නුවර. ඔය කිඹුල්වත්නුවර හිටියා 'ගෝපිකා' කියලා රාජකන්‍යාවක්. මේ ගෝපිකා තෙරුවන් සරණ ගිය දා පටන් ඉතාමත් ඕනෑකමින් හරීම කල්පනාවෙන් පන්සිල් ආරස්සා කොළා. ඒ වගේ ම පුතේ ඈ ස්ත්‍රී ආත්මෙට කැමති වුනේ නෑ. ඈට ඕනෑ කොළේ ඊළඟ ආත්මයේ දිව්‍යපුත්‍රයෙක් වෙලා පිරිමි ආත්මයක් ලබාගන්ටයි. ඒ වෙනුවෙන් ඈ කැප වුනා පුතේ.

බණ අසද්දී බොහෝම ගරුසරු ඇතිව ලැජ්ජාභය ඇතිව බණ ඇසුවේ. ඔය දැං කාලෙ වගේ බිත්තියට හේත්තු වෙලා කකුල් ඉදිරියට දිගහැරගෙන වාඩිවුනේ නෑ. ඒ වගේ ම බණ අසද්දී වටපිට බැලුවේ නෑ. අසන බණපදයට ම සිත යොමුකරගෙන, ඒ ගැන ම හිත යොදා බණ ඇසුවේ. ඈ තමන්ගේ ධනය වියදම් කරලා කුටි සෙනසුනකුත් හැදුවා. භික්ෂූන් වහන්සේලා තුන් නමක් වඩමවා ගත්තා. සිව්පසයෙන් උපස්ථාන කළා.

ඉතින් පුතේ ඒ ගෝපිකා ඔය විදිහට ගොඩාක් පින් කරගත්තා. ස්ත්‍රී ආසාවන්වලට වසඟ වෙලා සිටියේ නෑ. ධර්මයත් පුරුදු කළා නොවැ. ඉතින් ඈ මැරුණට පස්සේ උපන්නේ තව්තිසා දෙව්ලොව සක්දෙවිඳුගෙ පුත්‍රස්ථානයේ ලාස්සන දිව්‍ය කුමාරයෙක් වෙලා. ඈ සිතූ පැතූ පරිදි ම පිරිමි ආත්මයක් ලැබුණා. දැන් කවුරුත් ඒ දිව්‍ය කුමාරයාට කියන්නේ 'ගෝපක දිව්‍යපුත්‍රයා' කියලා.

දවසක් පුතේ තව්තිසාවේ නන්දන වනෝද්‍යානයේ

මණ්ඩපයේ වැඩ උන්නු අපේ සක්දෙවිඳුන්ට උපස්ථාන කරන්ට ගාන්ධර්ව සංගීත කණ්ඩායම ආවා."

"කව්ද ආච්චියේ ගාන්ධර්ව කියන්නේ?"

"ඒ පුතේ නැටුම් දක්වන දෙවිවරු. එයාලාට ලාස්සනට නටන්ට පුළුවන්. වාදන භාණ්ඩ වයන්ටත් පුළුවනි. හරි මිහිරියට ගී ගයන්ටත් පුළුවනි. ඒ ගාන්ධර්ව දිව්‍ය පිරිස අතර උපන් දෙවිවරු කරන්නේ සක්දෙවිඳු ඉදිරියේ නැටුම් දක්වන එක.

එදා සක්දෙවිඳු ළඟ ම මේ අලුත උපන් ගෝපක දිව්‍යපුත්‍රයාත් වාඩිවෙලා උන්නා. ඕං පුතේ එදා ඒ ලස්සන නැටුම් පිරිසේ අලුත් දිව්‍ය කුමාරවරු තුන්දෙනෙක් ඇවිත් හිටියා. එයාලා එතැන හිටිය හැමෝට ම වඩා ලස්සනයි. එයාලගේ කටහඬ තමයි ගොඩාක් ම ලස්සන වුනේ. එයාලාගේ නැටුම තමයි ලාස්සන ම නැටුම වුනේ.

මේ දිහා බලා සිටිය ගෝපක දිව්‍ය පුත්‍රයා මෙහෙම කල්පනා කළා. 'ෂා...! මේ තුන්දෙනා අළුතින් දෙව්ලොව උපන්න අය වගෙයි. මේ අයත් ගොඩාක් ම ලස්සනයි. මටත් දැකලා පුරුදුයි පුරුදුයි වගේ.... ම්.... මනුස්ස ලෝකේ ඉන්නැද්දි මෙයාලාත් සිල් රැකපු අය ම තමා. ඒ නිසා නොවැ ලස්සන. නමුත්.... මොකද මේ නැටුම් කණ්ඩායමේ උපන්නේ....? ඕහ්... මේ... මේ.... මං... මං... කිඹුල්වත්නුවර හදවා පූජා කළ කුටිවල වැඩ උන්නු ස්වාමීන් වහන්සේලා තුන්නම නේද? හපොයි... හපොයි.... මං හිතා උන්නේ අනාගාමීවත් වෙන්ට ඇත කියලයි. හයියෝ.... මේ.... කොහේද මේ.... උපන්නේ?' මෙහෙම සිතූ ගෝපක දිව්‍යපුත්‍රයා මෙහෙම ඇසුවා.

ගාන්ධර්ව කුලේ උපන් දෙව්වරුනේ ඔබ
මිනිස්ලොවේ ගත කළ හැටි දන්නවාද ඔබ
ගෞතම සසුනේ උත්තම පැවිදි බවත් ලැබ
කම්සැපයට බැඳී තිබුණ නේද සිතේ ලොබ

කිඹුල්වත්පුරේ ඔබ සිටි කාලය මතකද
ගෝපිකා නමින් සිටි ඒ ගැහැණිය මතකද
ඈ ඔබ හට කුටිසෙනසුන් පිදූ හැටි මතකද
ඔය තිදෙනා ඒ කුටිවල සිටි හැටි මතකද

කොහිද බලා සිටියෙ එදා බණ අසනා විට
බලන්ට මං කරගත් පින ගැහැණියකව සිට
බුදු සසුනක පැවිදි වෙලත් වැරදුනි ඔබ හට
ලැජ්ජා නැද්ද මෙහෙ ඇවිදින් නටන්ට ඔබ හට

ගැහැණියක් වෙලා සසරේ යන මේ ගමනට
කිසිම කැමැත්තක් මනුලොව තිබුණේ නෑ මට
දහමේ හැසිරීමේ බල පෙනේද ඔබ හට
දැන් මම දෙව් කුමරෙකි සක් දෙවිඳුගෙ යටතට

පැවිදි වෙලා සිල් රැකලා බණ අසමින් සිට
යන්නෙ නැතිව ඉහළින් ඇති බ්‍රහ්ම ලෝකයට
දැන් ඇවිදින් නැටුම් නටන ලාමක ලොවකට
ලැජ්ජ නැද්ද පහර දෙන්ට තාලෙට බෙරයට

එතකොට පුතේ ඒ දෙව්වරු තුන්දෙනා මූණට මූණ බලාගත්තා. තුන්දෙනාට ම තමුන්නේ පූරුවෙ ආත්මේ මතක් වුනා. තමන්ගෙන් බණ ඇසූ ගෝපිකාවෝ දැන් පිරිමි ආත්මයකුත් ලබලා, සක්දෙවිඳුගේ පුත් තනතුරේත් ඉපදිලා, සෝවාන් ඵලයටත් පත්වෙලා, දෙව්ලොව කාමයටත් නොඇලී ධර්මය ම මෙනෙහි කරනවා.

'අයියෝ... අපට මේ මොකදෑ වුනේ' කියලා ඒ තුන්දෙනාට හොඳටෝම ලැජ්ජා හිතුනා. තමන්ගේ කරේ එල්ලාගෙන සිටි බෙරගෙඩි පැත්තකින් තිබ්බා. පාවල තිබුණු ගෙජ්ජි ගලවා දැම්මා. පැත්තකින් වාඩිවුනා. මනුස්ස ලෝකෙදි පැවිදිවෙලා කළ බණ භාවනාව පුරුදු කොරන්ට පටන් ගත්තා.

හරිම අද්භූතයි පුතේ අපේ භාග්‍යවතුන් වහන්සේ වදාළ ධර්මය. වේගයෙන් ධර්මය සිතේ වැඩුනා. දෙව්වරු දෙන්නෙක් එතැනදී ම සෝවාන් වුනා. සකදාගාමී වුනා. අනාගාමී වුනා. එතැනින් නොපෙනී ගියා. ඒ දිව්‍ය ආත්මෙන් චුතවෙලා බ්‍රහ්මපුරෝහිත කියන බ්‍රහ්මලෝකේ උපන්නා. එක්කෙනෙකුට තමන්ගේ සිත සමාධිමත් කරගන්ට බැරිවුනා. එයා දිගට ම නැටුම් නටන දෙවියන් එක්ක හිටියා.

ඉතින් පුතේ මට ආසා හිතුනේ ඔය ගෝපිකාගේ ජීවිතේට යි. බලන්ට පුතේ ඒ තැනැත්තිය මනුස්ස ලෝකෙදි හොඳ කැපවීමෙන් ධර්මය පුරුදු කළ එකේ වාසිය ලැබුනේ තමුන්ට ම නේ. දැන් වුනත් පුතේ එහෙම තමා ධර්මයේ හැසිරුනොත්. ඒකේ වාසිය ලැබෙන්නේ තමාට ම යි.

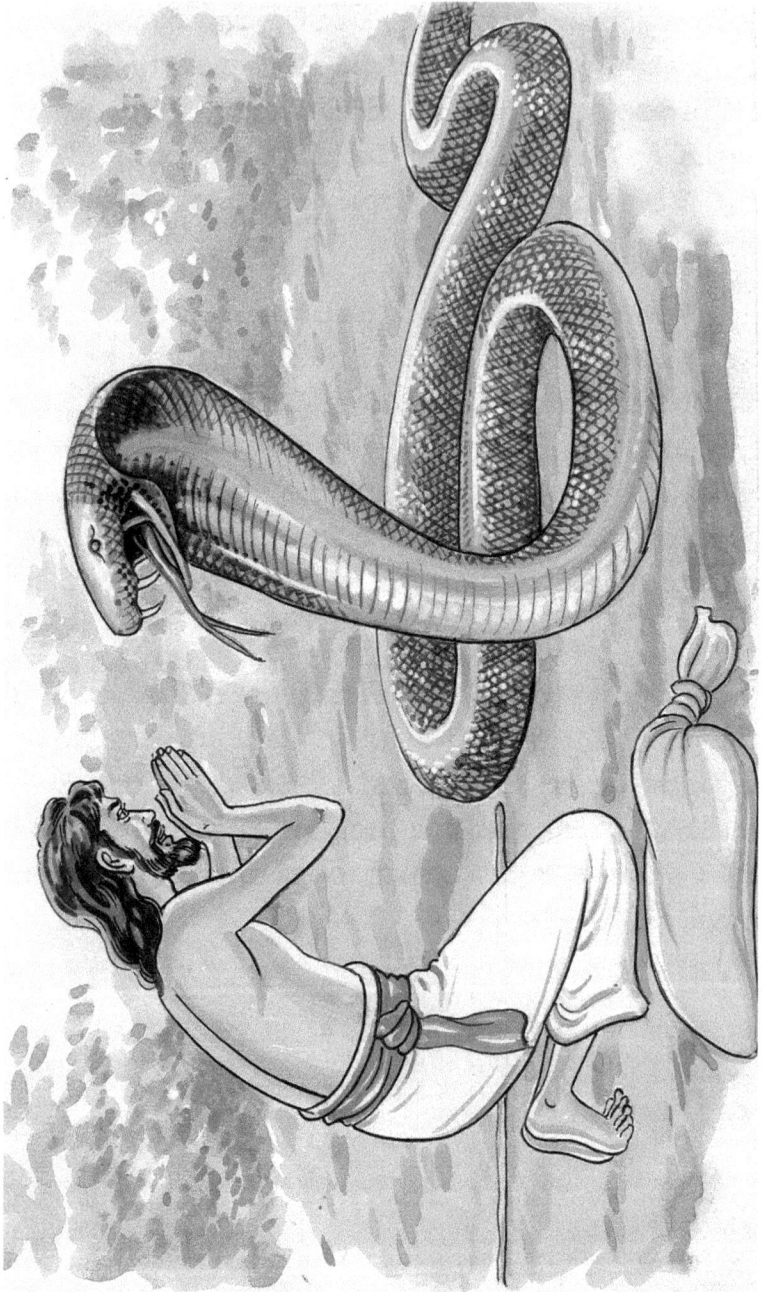

02

එදා අපේ ආච්චි බණ පොතක් කියවමින් උන්නේ. මාත් ගිහින් ආච්චි ළඟ වාඩි වුණා. අපේ පංතියේ ළමයෙක් කියාපු කතාවක් නිසයි මට ආච්චිගෙන් මේක අහන්ට සිතුණේ.

"ආච්චියේ... මේ.... ආච්චියේ, දැන් අපි නිදාගන්ට ගියහමත්, උදේ නැගිට්ටාමත්, කවුරුහරි මුණගැසුනාමත්, අනිත් සෑම දේකදීමත් 'නමෝ බුද්ධාය' කියනවා නේ. අපේ පංතියේ ළමයෙක් කිව්වා ඒක වැරදිලු. ඒක අපි අලුතින් හදාගත් එකක්ලු. ඒක ඇත්තක් ද ආච්චියේ..?"

එතකොට ආච්චි කොක්හඬලා හිනාවුණා. ආච්චිගේ ලාස්සන හිනාව නවත්තාගන්ටත් ටිකාක් වෙලා ගියා.

"ඇයි ආච්චි... ඔයතරම් හිනැහෙන්නේ?"

"නෑ... පුතේ... මට මේ හිනාගියේ ඒ දරුවා ගැන නොවෙයි. කවුරුහරි මෝඩ වැඩිහිටියෙක් ඔය දරුවා නොමග යවා තියෙනවා. ආං ඒ වැඩිහිටියාගේ මෝඩකොම ගැනයි.... පුතේ ඒ දරුවා අඩු ගණනේ දහම් පාසලේදීවත් පාළි භාෂාවේ 'වරනැගීම' ඉගෙනගෙන නැතුවා ඇති.

පුතේ සම්ප්‍රදාන විභක්තිය තියෙනවා නේ. ඒ විභක්තියේ 'බුද්ධ' ශබ්ද වරනැගෙන්නේ ඒක වචනයේදී 'බුද්ධාය, බුද්ධස්ස' කියලයි. බහු වචනයේදී 'බුද්ධානං' කියලයි. දැන් අපි 'නමෝ' කියනවානේ. ඒකේ තේරුම 'නමස්කාර වේවා' කියන එක. 'බුද්ධාය' කියන්නේ 'බුදුරජාණන් වහන්සේට' කියන එක. එතකොට පුතේ 'නමෝ බුද්ධාය' කියන එකේ තේරුම 'බුදුරජාණන් වහන්සේට නමස්කාර වේවා!' කියන එක. කවුරුහරි ඒක වැරදියි කියනවා නම් ඒ කෙනා බුදුරජාණන් වහන්සේට නමස්කාර කරන්ට අකැමති, අසත්පුරුෂයෙක්, බාලයෙක්, ලාමක හිතක් ඇති පිරිහී ගිය පුද්ගලයෙක්.

පුතේ... මට සද්ධර්මාලංකාරයේ ඇති ලස්සන කතාවක් මතක් වුණා. ඕං අහගන්ටකෝ එහෙනං මේ කතාව.

පුතේ, ඔයාලා දන්නවා නොවැ අපේ බුදුරජාණන් වහන්සේ පහළ වෙන්ට කලියෙං මිනිසුන්ගේ ආයුස වරුස විසිදාහ කාලේ කාශ්‍යප සම්මා සම්බුදුරජාණන් වහන්සේ පහළ වුණා. ඉතින් පුතේ ඒ අපේ කාශ්‍යප බුදුරජාණන් වහන්සේ පිරිනිවන් පෑවාට පස්සේ ඒ බුදුසිරුර ආදාහනය කළාම ධාතූන් වහන්සේලා විසිරුනේ නෑ. එතකොට දෙවියෝත් මිනිස්සුත් ඒ සියලු ධාතූන් වහන්සේලා තැන්පත් කොරලා හිටං එක මහාසෑයක් දඹදිව කසී රටේ සේතව්‍යා නුවර ඉදිකළා. මෙය රන් ගඩොල්වලින් හදා තිබුණේ. 'රන්දාගොබ' කියාලයි ඒ කාලේ කීවෙ පුතේ.

ඉතින් පුතේ, ඔය කාලේ නයි නටවන අහිතුණ්ඩික මනුස්සයෙක් සෑම තැන ම ගොහිං නයි නටවා මිනිසුන්ව විනෝදයට පත් කොරලා එයින් ලැබෙන දෙයින් ජීවත්

වුණා. දවසක් මේ අහිකුණ්ඨිකයා ඔය සේතව්‍ය නුවරට කිට්ටුව ඇති ගමකට නයි නටවන්ට ගොහිං ඒ ගමින් හොඳට සැලකිලි ලැබුණු නිසා ටික කලක් එහෙ නැවතුනා.

ඔය ගමේ හැමෝම තුනුරුවන් සරණ ගියපු උදවිය. එයාලා අවදි වෙනකොට, නිදියන්ට යනකොට, හැම දේකට ම 'නමෝ බුද්ධාය' කියලා තමුන්නේ එක ම ශාස්තෘන් වහන්සේ ව සිහිකොරනවා. අහිකුණ්ඨිකයා මිසදිටු මිනිහෙක් පුතේ. ඒ මිනිහාට මේක විහිළුවක් වගේ වුණා. මිනිස්සු කියන 'නමෝ බුද්ධාය' කියන වචනේ මේකා විහිළුවට ගත්තා. විහිළුවට අරගෙන හිටං ඔච්චමට වාගේ මේකාත් හැමදේට ම 'නමෝ බුද්ධාය' කියන්ට ගත්තා.

දවසක් පුතේ මේ අහිකුණ්ඨිකයා තව අලුත් නයෙක් අල්ලාගන්ට ඕනෑ කියලා හිතාන තැනින් තැන නයෙක් ඉන්නවා ද කියා සොයා බැලුවා. අනේ පුතේ එදා නාගලෝකෙන් දිව්‍යනාගරාජයෙක් අපගේ කාශ්‍යප සම්බුදුරජාණන් වහන්සේගේ රන්දාගොබට වන්දනා කොරන්ට ආවා. කඩුපුල් මල්, සඳුන් මල්, පිච්ච මල් ඒ රන්සෑය වටේ තියා පූජා කොළා. හැබැයි පුතේ ඒ නාගරාජයා මල් පූජා කොළේ මනුස්ස වේශයෙන්.

ඊට පස්සේ කාටවත් ම නොපෙනෙන්ට ආයෙමත් නයි වේශය අරගෙන ඒ ආසන්නයේ තිබුණු තුඹසකට රිංගුවා. එතකොට ම අහිකුණ්ඨිකයා තඹ කරඬුවකට රිදී හවඩියක් දාන්නැහේ මේ ලස්සන සුදු නාගයා තුඹසට රිංගනවා දැක්කා. දැක්ක ගමන් එතෙන්ට දුවගෙන ඇවිත් නයි අල්ලන මන්තරේ ජප කොරන්ට පටන් ගත්තා.

එතකොට පුතේ නාගරාජයා හොඳටෝම කිපුනා. 'හහ්... මේකා එනවා මට මතුරන්ට. හිටපිය තෝ මරනවා' කියලා දත් විලිස්සාගෙන තුඹසෙන් එළියට පැන්නා. අහිකුණ්ඨිකයා භය වෙලා පස්සට විසික්කා වුනා. විසික්කා වෙලා ඒකා පණ එපා කියලා දුවන්ට තියාගත්තා. නාගරාජයාත් පස්සෙන් පන්නනවා. අහිකුණ්ඨිකයාත් පස්ස බල බලා දුවන නිසා ගලක කකුල පැටලී බිම වැටුනා. එතකොට ම කලින් අනුන්ට අපහාසයට, ඔච්චමට කිය කියා උන් 'නමෝ බුද්ධාය' කියන වචනය මේ අහිකුණ්ඨිකයාගේ කටින් හයියෙන් කියවුණා.

'නමෝ බුද්ධාය' යන වචනය නාගරාජයාට ඇහුණා විතරයි 'අනේ මේ භාග්‍යවතුන් වහන්සේගේ ශ්‍රාවක උපාසකයෙක්ට නොවැ මං මේ හදි කටින්ට ගියේ. අයියෝ තව ඩිංගිත්තෙන් මට නොවැ පාපේ වෙන්නේ' කියලා තමන්ගේ කෝපය සන්සිඳුවාගෙන අහිකුණ්ඨිකයාට මෙහෙම කිව්වා.

"අනේ මිත්‍රයා.... මට සමාවෙයං... මං හිතුවේ ඔයා මිසදිටුවෙක් කියලයි. අපේ භාග්‍යවතුන් වහන්සේට ඔයා 'නමෝ බුද්ධාය' කියා වන්දනා කොරනකොට මයෙ ඇඟපත සතුටින් සිහිල්වෙලා ගියා. භය වෙන්ට එපා යාළුවා. ඔයා කියපු 'නමෝ බුද්ධාය' කියන මිහිරි වචනය මට තවමත් ඇහෙනවා වගෙයි. අපි වගේ අය කවරදාකවත් 'අපගේ භාග්‍යවතුන් වහන්සේගේ ශ්‍රාවක දරුවන්ට හිරිහැර කරන්ට කැමති නෑ. ඒ නිසා මං ඔයාට තෑග්ගක් දෙනවා. මේං මේ දිව්‍ය රන් මල් තුන අරගන්ට. ඕවා හරියට වටිනවා.

ඉතින් යාළුවා.... ඔය මල් තුනෙන් එක රන් මලක් ඔයාට පිං පිණිස අපගේ කාශ්‍යප බුදුරජාණන් වහන්සේගේ රන්දාගොබට පූජා කොරන්ට. තව රන්මලක් මට පින් පිණිස රන්දාගොබට පූජා කොරන්ට. අනිත් මල විකුණාගන්ට. එයින් ලැබෙන ධනය ඔයාට ජීවිත කාලෙ ම සැපසේ වාසය කොරන්ට හොඳටෝම ඇති.

දැන් ඔයා ඔය අහිකුණ්ඨික ජීවිතේ අත්හරින්ට. ළඟ තියාගෙන ඉන්න නයි ටිකත් නිදහස් කොරන්ට."

"අනේ නාගරාජය, මටත් සමාවෙන්ට. මයෙ අතින් බරපතළ වැරැද්දක් වුණා. මං ඇත්තෙන් ම බුදුරජාණන් වහන්සේ සරණ ගොහින් හිටියේ නෑ. මං 'නමෝ බුද්ධාය' කියලා අනිත් අයට ගරහන්ටයි කිය කියා හිටියේ. මට දැන් තේරුණා බුදුරජාණන් වහන්සේ සරණ යාම තමයි හරි."

"ඔව් මිත්‍රයා.... එහෙනම් ඔයා දැන් ම ගොහින් අර දාගොප් වහන්සේ වන්දනා කොරලා වෙච්චි වැරැද්දට සමාව ගන්ට. ඉන් පස්සේ 'බුද්ධං සරණං ගච්ඡාමි, ධම්මං සරණං ගච්ඡාමි, සංඝං සරණං ගච්ඡාමි' කියා ත්‍රිවිධ රත්නය සරණ යන්ට. ඉන් පස්සේ ඔය රන් මල් දෙකත් පූජා කරන්ට. ආයෙ මිසදිටු පැත්තට හැරෙන්ට එපා" කියා අවවාද කොරලා නාගරාජයා නාගභවනට ගියා.

ඉතිං පුතේ ඒ අහිකුණ්ඨිකයා අර රන්මල් තුනෙන් රන්මල් දෙකක් කාශ්‍යප බුදුරජාණන් වහන්සේගේ ධාතු චෛත්‍යයට පූජා කර ගත්තා. අනිත් මල විකුණා ගත්තා. අහිකුණ්ඨික රස්සාව අත්හැරියා. ළඟ හිටපු නයි නිදහස් කළා. තමාත් දරුපවුලත් එක්ක හොඳට කා බී දන් පින් කරගෙන සිල් රැකගෙන වාසය කළා. එදා පටන් ඒ

අභිකුණ්ඨිකයා 'නමෝ බුද්ධාය' කියලා විතරක් නොවෙයි පුතේ, 'නමෝ ධම්මාය, නමෝ සංඝාය' කියලා ත්‍රිවිධ රත්නයට ම වන්දනා කොරන්ට පටන්ගත්තා.

ආං... ඒ නිසා පුතේ ඔයාගේ යාළුවාට කියා දෙන්ට එක එක්කෙනාගේ පව් කතා පිළිගන්ට එපා ය කියලා. 'නමෝ බුද්ධාය' කියා බුදුරජාණන් වහන්සේට කරන වන්දනාවටත් ගරහන අය, දැන් මනුස්ස ලෝකයේ හිටියාට සතර අපායේ දොරටු ඇරගෙන එයාලා ඉන්නේ. මනුස්ස ලෝකෙන් චුතවෙච්චි ගමන් බුදුකෙනෙකුට ගරහපු පවින් උපන් කර්මෙන් තමයි එයාලා දුගති චාරිකාව පටන්ගන්නේ."

03

එදා අපේ ආච්චි ලස්සනට බුදුගුණ භාවනාව හඬ නඟා කීවා. අපි හැමෝම එය අසාගෙන සිටියේ හරීම සතුටින්. එදා ආච්චිගෙන් මං යම් කාරණාවක් අහන්ට ම යි සිතා සිටියේ. ඉතින් ආච්චිට ළං වෙලා මං මෙහෙම ඇසුවා.

"ආච්චියේ... මේ.... මං ඔයාගෙන් දහම් කරුණක් අහන්ටයි සිතා සිටියේ. දැන් ඒක ඇහුවට කමක් නැද්ද?"

"අහන්ට පුතේ.... මං දන්නා දෙයක් ඔයාලට නොකියා ඉන්නවැයි."

"අනේ ආච්චියේ... අපරාපරිය වේදනීය කර්ම විපාක කියන්නේ මොනවාද කියා මට තේරෙන්නෑ."

"හරි පුතේ.... ඒක ගොඩාක් ගැඹුරු කාරණාවක් තමයි. මෙහෙමනේ පුතේ. කර්ම මොනවාද, කර්ම විපාක මොනවාද කියා මහා නුවණ තිබුණේ අපගේ භාග්‍යවතුන් වහන්සේට නොවැ. අපේ භාග්‍යවතුන් වහන්සේ තමයි අපට වදාළේ කර්ම විපාක දෙන එක්තරා විදිහක් කියා මේ අපරාපරිය වේදනීය කර්ම විපාක ගැන. ඒ කියන්නේ කෙනෙක් සංසාරේ සැරිසරා යන තාක් කල් කොයියම් ම අවස්ථාවක වුනත් තමන් කළ කර්ම විපාක දෙන එක. කොටින්ම පිරිනිවන් පාන මොහොත දක්වා ම වුනත්

විපාක මතුවෙන්ට පුළුවන්කොමට තමා මේ අපරාපරිය වේදනීය විපාක කියා කියන්නේ.

මයෙ පුතේ, ඔයා අසා තියෙනවාද අපගේ උත්තර මහරහතන් වහන්සේගේ කතාව?"

"අනේ නෑ.... ආච්චි.... අනේ... අපට ඒක කියාදෙන්ට."

"හප්පා... හරිම පුදුමයි පුතේ ඒ කතාව. මෙහෙමයි පුතේ ඒ කතාව. මීට කල්ප තිස් දහසකට කලින් 'සුමේධ' නමින් සම්මා සම්බුදුරජාණන් වහන්සේ නමක් ලෝකයේ පහළ වුනා. දවසක් ඒ සුමේධ බුදුරජාණන් වහන්සේ මහා වනයක රුක් සෙවනේ වාඩි වී උන්නා. එදා පුතේ උන්නාන්සේ දිවැසින් දැක වදාරන්ට ඇති අනාගතේ නිවන් දකින්ට පින් තියෙන කෙනා ගැන. ඉතින් එදා බුදුරජාණෝ බුදුරැස් විහිදමින් වැඩ උන්නේ.

එතකොට පුතේ එක් විද්‍යාධර පුරුෂයෙක් ත්‍රිශූලයකුත් අතින් ඇන්න ආකහෙන් යද්දී මහවනයෙන් රැස් විහිදෙනවා දැක්කා. මේ මොකෝ වනාන්තරෙන් රැස් විහිදෙන්නේ කියා බැලින්නම් ශ්‍රමණයන් වහන්සේ නමක් රුක් සෙවනේ භාවනානුයෝගීව ඉන්නවා. එතකොට මේ විද්‍යාධරයාට හරී සතුටක්, පැහැදීමක්, ගෞරවයක් ඇතිවුනා. අනේ මුන්නාන්සේට මක්කවත් පූජා කොරගන්ට ඇත්නම් කියා වටපිට බලද්දී කිණිහිරි ගසක හරි අගේට මල් තුනක් පිපී තියෙනවා දැක්කා. දැකල හිටං ආකහෙන් බිමට බහිද්දී ම මල් තුන නෙලාගත්තා. පා ගමනින් ගොහින් සුමේධ භාග්‍යවතුන් වහන්සේට ඒ මල් තුන පූජා කොළා. එතකොට පුතේ, හරි ආශ්චරියක් වුනා නොවැ. ඒ මල් තුනේ නැටි උඩට හිටින්ට හැරිලා

පෙති යටට හැරිලා ටිකෙන් ටික අහසට එසවුනා. සුමේධ භාග්‍යවතුන් වහන්සේගේ සිරසට උඩින් රන් ඡත්‍ර තුනක් වගේ පිහිටියා! මේ තරුණයා භාවනාවෙන් වැඩ හුන් භාග්‍යවතුන් වහන්සේට අසිරිමත් විදිහට පූජාවුන මල් තුන නිසා ගොඩාක් වෙලා වන්දනා කරගෙන සතුටින් බලා හිටියා. අන්තිමේදී බිම දිගාවෙලා දණ්ඩ නමස්කාරයෙන් භාග්‍යවතුන් වහන්සේට වන්දනා කොරලා පිටත් වුනා.

ඉතින් පුතේ ඒ කිණිහිරි මල් තුන පිදූ පිනෙන් ඒ විද්‍යාධරයා මරණින් මතු තව්තිසාවේ උපන්නා. ආන්න ඒ උප්පැත්තියට හේතු වුනේ ඒ මල් පූජාවේ උපපජ්ජ වේදනීය විපාකයයි. ඒ කීවේ ඊළඟ ආත්මයේ විපාක දුන්නා. ඊට පස්සේ පුතේ අපරාපරිය වේදනීය කර්ම විපාක වශයෙන් මේ පින් ඇති කෙනා පන්සිය වතාවක් දෙවියන් අතරේ උපන්නා. දෙව්ලොවෙත් මිනිස් ලොවෙත් තමයි දිගටම උපන්නේ.

ඕං පුතේ බලන්ට පිනේ ආනුභාවේ. අන්තිම ආත්මේ රජගහ නුවර මහා ධනවත් බ්‍රාහ්මණ පවුලක උපන්නා. මේ කුමාරයාට උත්තර කුමාරයා කියන නම ලැබුණා. ඉතින් පුතේ මේ උත්තර කුමාරයා හොඳට ශිල්ප ශාස්ත්‍ර ඉගෙන ගත්තා. දුටු දුටුවන් වසඟ වෙන කිණිහිරි මලේ ඇති රන් පැහැයෙන් බැබළුණා.

ඔය කාලේ පුතේ බිම්බිසාර රජ්ජුරුවන්ගේ මගධ මහා අමාත්‍ය තනතුරු හෙබවූයේ 'වස්සකාර' කියන මහා බ්‍රාහ්මණයා. එයාට ලස්සන දූවක් ඉන්නවා. එතකොට වස්සකාර බ්‍රාහ්මණයා තමන්ගේ දූ බන්දලා දෙන්ට උත්තර කුමාරයාට මංගල යෝජනා ගෙනාවා. කුමාරයා ගිහි ජීවිතේට කැමති වුනේ නෑ. ඒ යෝජනාව ප්‍රතික්ෂේප කළා.

ඉතින් පුතේ, අපගේ සාරිපුත්ත මහරහතන් වහන්සේගේ ආස්සරේට වැටුනු කුමාරයා බුද්ධ ශාසනය ගැන ගොඩාක් පැහැදුනා. ගෙදරින් බොහොම අමාරුවෙන් අවසර අරන් පැවිදි වුනා. එතකොට උත්තර සාමණේරයෝ කියලයි උන්නාන්සේට කීවේ. ඉතින් පුතේ මේ උත්තර සාමණේරයෝ අපගේ සාරිපුත්තයන් වහන්සේට ගොඩාක් ආදරෙන් ඇප උපස්ථාන කළා.

දවසද්දා පුතේ අපගේ ධර්ම සේනාධිපතීන් වහන්සේ ගිලන් වුනා. තමන්ගේ උපාධ්‍යායන් වහන්සේගේ අසනීපයට බෙහෙත් සොයා ගන්ට ඕනෑ වෙලා මේ උත්තර සාමණේරයෝ පාන්දරින් ම පාත්තරෙත් ඇන්න පිටත් වුනා. මගධ වෙල් යාය දිගේ ගොහින් නියරක් ළඟ පාත්තරේ බිමින් තියාලා දියවලක් ළඟට ගොහින් මුහුණ සෝදමින් උන්නා.

බලන්ට පුතේ අපරාපරිය වේදනීය කර්ම විපාක ලැබෙන හැටි. මේ වෙලාවේ සොරෙක් ගෙයක් බිඳලා බඩුත් අරගෙන යන්න යද්දී මිනිස්සු දැක්කා කවුදෝ යනවා. එතකොට මිනිස්සු 'මේං හොරෙක්... හොරෙක්....' කියලා ඒ සොරා පිටිපස්සෙන් පන්නාගෙන ආවා. මේ හොරා මොකොද කොළේ දුවගෙන ඇවිදිල්ලා හිටං තමුන්නේ අතේ තිබ්බ පොදිය අර නියරේ තිබ්බ පාත්තරේට දමලා හැංගුනා නොවැ. හනේ හපොයි... මිනිස්සු ඇවිදිං බැලින්නං මේං බඩුයි හොරුයි අත ළඟ. හා.... මහණුන්නාන්සේ කෙනෙකුගේ වේසෙන් තෝ ගෙවල් බිදිනවා නේද? වර තෝ....' කියලා අනේ අපේ උත්තර සාමණේරයන්ව අල්ලා ගත්තා. එතන ම පෙරලාගෙන ගුටි බැට දුන්නා. දෑත පිටිපස්සට කොරලා කිටිකිටියේ ගැට ගැසුවා. රජවාසලට දක්කාගෙන ගියා.

එදා නඩු අහන්නේ වස්සකාර මහ ඇමතියා. උත්තර සාමණේරයන්ව දැක්ක ගමන් ඇඳින්නා. මෙහෙම හිතුවා. 'හා... මේකාව නොවැ අහුවෙලා තියෙන්නේ. යසයි. එදා මං මයෙ දූ දෙන්ට යෝජනා ගෙනාවාම මට බැහ් කියලා ගොහින් මුඩු මහණුන් ළඟ මහණ වුනා. හහ්.... මං කරඤ්ඤං වැඩේ' කියලා කිසිම නඩු ඇසීමක් නැතිව පණ පිටින් උල හිඳුවන්ට අණ දුන්නා.

හපොයි... දෙයියනේ.... ඊට පස්සේ පුතේ අපගේ උත්තර සාමණේරයන්ව රාජපුරුෂයන්ට භාර වුනා. රාජපුරුෂයෝ වධක භූමියට ගෙනිච්චා. කොහොඹ උලක් හිටෝලා ඒ උල මත ඉන්දෙව්වා. උලේ ඉන්න උත්තර සාමණේරයෝ 'අනේ මගේ උපාධ්‍යායන් වහන්සේට බෙහෙත් සොයන්ටයි මං පාන්දරින් ආවේ. අනේ බෙහෙත් ටික කොහොම සොයා ගත්තාද මන්දා' කියා තමන්ගේ උපාධ්‍යාය වූ සාරිපුත්ත මහරහතන් වහන්සේ ගැන ම සිත සිතා උන්නා.

එතකොට අපගේ සාරිපුත්තයන් වහන්සේට මේ විපැත්තිය දැනුනා. ඉක්මනින් ගොහින් වේළුවනයේ වැඩහුන් අපගේ භාග්‍යවතුන් වහන්සේට දැනුම් දුන්නා. භාග්‍යවතුන් වහන්සේ සංඝයා පිරිවරාගෙන එතැනට වැඩියා. රජගහනුවර හිටිය මහජනකායටත් මේක ආරංචි වුනා. හැමෝම මොකක්දෑ මේ වුනේ කියා බලන්ට දුවගෙන ආවා.

අපගේ භාග්‍යවතුන් වහන්සේ උල මත උන් උත්තර සාමණේරයන්ට මෙහෙම වදාළා පුතේ.

"උත්තර.... සංසාරේ සැරිසරා යන්ට වීම නිසා ම යි මේ හැම දෙයක් ම වෙන්නේ. උත්තර, මේ ඔබේ පෙර

ආත්මයක සිදුවූ වරදක විපාකයක්. කලින් ආත්මෙක මිනිස් උපතක් ලබා ඉන්නැද්දී කුඩා අවදියේ ළමයි සමග සෙල්ලම් කළා. එතකොට ඔබ මැස්සෙක් අල්ලාගෙන 'මේ බලාපං මං මේකාට අච්චු දෙනවා' කියා කොහොඹ කූරක මැස්සව උල ඉන්දුවා.

ඒ වගේම ඔබ තවත් දවසක තමන්ගේ අම්මා ගැන කේන්ති ගත්තා. 'තෝව කොහොඹ උලේ හිඳුවන්ට යි වටින්නේ' කියා මව්ට බැන්නා.

ඔය අකුසල් දෙක නිසා මේ අනන්ත සසර ගමනේදී ඔබ පන්සිය ආත්මභාවයක් කොහොඹ උලේ හිඳීමෙන් මැරුම් කෑවා. දැන් උත්තර ඉවසන්ට. මේ ඔබගේ අවසන් ආත්මය. දැන් හොඳින් සතිපට්ඨානය වඩන්ට" කියා භාග්‍යවතුන් වහන්සේ තමුන්නේ ශ්‍රී හස්තයෙන් සාමණේරයන්ගේ හිස අතගා වදාළා.

එතකොට පුතේ භාග්‍යවතුන් වහන්සේගේ ශ්‍රී හස්තයේ ස්පර්ශයත් සමග උත්තර සාමණේරයන්ගේ සිරුරේ ඇති සියලු වේදනා පහව ගොසින් මහා ප්‍රීතියක් සිතේ උපන්නා. නිවන් මග හොඳින් වැඩුනා. ඒ උල මත සිටියදී ම අභිඥාලාභී මහරහතන් වහන්සේ නමක් බවට පත්වුනා. එකෙණෙහි ම කොහොඹ හුලින් මිදී අහසට පැන නැගුණා. ඒ මොහොතේ ම තුවාලය නැතිවෙලා සම්පූර්ණයෙන් ම සුවපත් වුනා.

ඉතින් පුතේ විසිවසක් පිරී ගියාට පස්සේ උත්තර සාමණේරයෝ උපසම්පදාව ලබාගෙන උත්තර මහරහතන් වහන්සේ නමින් දෙව්මිනිස් ලෝකයා අතර මහත් ආදරයට ලක්වුනා. බලන්ට පුතේ මේ සසරේ භයානක බව. සුමේධ බුදුරජාණන් වහන්සේ කෙරෙහි සිත

පහදවාගෙන කිණිහිරි මල් පූජා කරගත් පිනත් පස්සෙන් ඇවිත් සැප විපාක දුන්නා. අන්තිමේදී නිවන් අවබෝධ කරගන්ටත් ඒ පින උදව් වුනා. ඒ වගේම බලන්ට පුතේ, අකුසල් විපාකත් පස්සෙන් හඹා ආ හැටි. ඒක නොවැ මයෙ පුතේ අපගේ භාග්‍යවතුන් වහන්සේ '**කම්මවිපාකෝ අචින්තියෝ**' කියා කර්ම විපාක දෙන පිළිවෙළ අපට සිතාගන්ට බැරි දෙයක් ය කියා වදාළේ. මේ සංසාරේ දිගින් දිගට යන්ට ආසා කළොත් අපේ අතිනුත් මොන මොන වාගේ කරුම කෙරේවිදැයි කවුදෑ දන්නෙ පුතේ. ඒ නිසා අපට නම් ගෞතම බුද්ධ සැසනේ ම යි චතුරාර්ය සත්‍ය අවබෝධ කරගන්ට ඕනෑ.

(සද්ධර්මාලංකාරය ඇසුරිනි)

04

එදා අපේ ආච්චි උපෝසථ සිල් සමාදන්ව උන්නේ. අපිත් සිල් සමාදන් වුනා. මං ආච්චිගෙන් දහම් කරුණක් අහන්ට ම යි සිතා උන්නේ. ඉතින් නංගිත් එක්ක මං ගිහින් ආච්චි ළඟ වාඩි වුනා.

"ඇයි පුතේ.... මොකෝ.... අදත් කතාවක් අහන්ට ද ආසා?"

"අනේ ආච්චියේ, මට දහම් ගැටලුවක් තියෙනවා. ඒ ගැනයි දැනගන්ට ඕනෑ."

"හෝ.... බොහෝම අගෙයි. එහෙනම් කියන්ටකෝ බලන්ට ඔයැයිගෙ දහම් ගැටළුව."

"ආච්චි.... ත්‍රිවිධ පුණ්‍යක්ක්‍රියා කියන්නේ මොනවාද?"

"හෝ.... පුතා දන්නැතෙයි.... පුතේ ඒ කියන්නේ පුණ්‍ය කර්ම තුන. විස්තරේට කීවොත් මෙහෙමයි. දානමය පුණ්‍යක්ක්‍රියාව, සීලමය පුණ්‍යක්ක්‍රියාව, භාවනාමය පුණ්‍යක්ක්‍රියාව."

"එතකොට ආච්චි.... අපි ඔය පුණ්‍යක්ක්‍රියා තුන ම කරන්ට ඕනැද?"

"ඔව් මයෙ පුතේ, අපි අපට ඇහැක් අයුරින් දන් දෙන්ට ඕනෑ. සිල් රකින්ට ඕනෑ. බණ භාවනාවක් කොරගන්ටත් ඕනෑ ම යි. ඕවා තමයි අපට පිහිටට තියෙන්නේ. ඔය තුන ම හරීයට පොරෝජනයි. ඇයි පුතා අසා නැද්ද නිරයේ ගිනි දැල් පෙනිච්චි මරණාසන්න වධකයා අපගේ සාරිපුත්තයන් වහන්සේට කිරිබත් පූජා කොරගෙන දෙව්ලෝ උපන් කතාව?"

"අනේ ආච්චි, අපි ඒ කතාව අසා නෑ නේ. අනේ අපට ඒ කතාව කියාදෙන්ටකෝ."

"හප්පා.... අපගේ මහෝත්තම ධර්මසේනාධිපතීන් වහන්සේගේ උත්තම නාමය සිහි කොරලා ඔයාලත් මල් පූජා කොරන්ට පුතේ. සඟ ගුණ ලාස්සනට කියා උන්නාන්සේට වන්දනා කොරන්ටත් ඕනෑ. අපගේ භාග්‍යවතුන් වහන්සේගේ හදමඬලින් උපන් ඒ සාරිපුත්ත මහරහතන් වහන්සේ තමයි නුවණින් බැබළි බැබළී උන්නේ.

ඒ කාලේ පුතේ පන්සියයක හොරු කල්ලියක් සැවැත්නුවරට යාබද වනාන්තරේක සැඟවී උන්නා. ඉතින් පුතේ ඒ හොරු රාත්තිරියට නගරෙට ඇවිදින් ගෙවල් බිඳිනවා. දාවලට කැලේ හැංගෙනවා. දවසක් පුතේ ඔය හොරු කල්ලිය හොරකමේ යද්දී සැවැත්නුවර වාසල් දොරකඩ ළඟ අසරණයෙක් ගුලිවෙලා උන්නා. එතකොට හොර නායකයා 'ඇයි බොල ඔහොම අසරණව ඉන්නේ? තෝ කොයි පලාතේ ද?' කියා ඇසුවා.

"අනේ.... මිත්‍රයා.... මං පිටිසර එකෙක්. රස්සාවක් හොයාගන්ට ආවා. කෝ තාමත් මට කුලී වැඩක්වත් හොයාගන්ට බැරිවුනා නොවැ."

"හා... ඒකට මක්වෙනවද.... අපිත් එක්ක වර.... මං තොට කන්ට බොන්ටත් දෙඤ්ඤං. කාසි පනම් එහෙමත් දෙඤ්ඤං" කීවා.

එතකොට පුතේ ඒ අසරණයාත් අර හොර කල්ලියට එකතු වුනා. ටික කාලයක් හොරකොම කොරගෙන ගියා. දවසක් කොසොල් රජ්ජුරුවන්නේ රාජපුරුෂයෝ ඒ හොර කල්ලිය වටකොරලා හිටං අල්ලාගත්තා. උන්නේ දෑත් පිටුපසට බැඳලා කසෙන් තල තලා අරං ගොහින් රජ්ජුරුවන්ට පෙන්නුවා. එතකොට රජ්ජුරුවෝ මෙහෙම කිව්වා.

"හරි... මේකුන්ව මරන්ට ඕනෑ මේකුන්ගෙන් ම කෙනෙක් අතින්. දැන් තොපේ එකෙක් ඉදිරිපත් වෙයං. අනිත් මේ හැමෝම මරා දමන එකාට මං ජීවත්වෙන්ට නිදහස දෙනවා.... හරි... දැන් ඒකා ඉදිරිපත් වෙයං" කීවා.

එතකොට පුතේ අර හොරු පන්සීයෙන් එකෙක්වත් තමුන්නේ පිරිස මරන්ට ඉදිරිපත් වුනේ නෑ. නමුත් ඒ අතරින් වෙන කෙනෙක් මතු වුනා.

"අනේ දේවයන් වහන්ස, මට හැබෑවට ම ජීවිත දානය දෙන සේක් නම් මට මේකුන් හැමෝම මරා දමන්ට පුළුවනි" කියා කිව්වා. ඒ තමයි පුතේ හොරු කල්ලියට එදා වාසල් දොරකඩ ළඟින් එකතු කොරාන ගිය අර පිටිසරයා. "බොහෝම හොඳා.... තෝ එහෙනම් මේකුන් මරාපිය. මං තෝ මරණ දණ්ඩනෙං නිදහස් කොරනවා" කියලා ඒකාට නිදහස දුන්නා. එදා ඒ පිටිසරයා අතින් අර හොරු පන්සීය ම මැරුම් කෑවා. රජ්ජුරුවෝ ඒකාට වධක තනතුරක් දුන්නා.

මරණ දණ්ඩනේට නියම වෙච්චි උදවිය දංගෙඩියට බෙල්ල තබාපුවා ම මේකා තමයි මරා දමන්නේ. ඉතින් පුතේ මේ වධකයා විසි පස් අවුරුද්දක් ඔය රස්සාව කොළා. පස්සෙ පස්සේ මේ වධකයා මහලු නිසා අතේ හයිය මදි වුනා. කීප පහරකිනුත් මරණෙට නියම වෙච්චි ඇයො මරාගන්ට බැරි වුනා. එතකොට රජ්ජුරුවෝ මෙයැයිව වධක තනතුරෙන් අයින් කොල්ලා වෙන කෙනෙක් දැවා.

දැන් පුතේ මුන්දැට රස්සාවක් නෑ. ගෙදට්ට වෙලා බලාන ඉන්නවා. ඕං එතකොට ආරංචි වුනා මන්තරකාරයෙක් ගැන. "හාමිනේ... අසවල් පළාතේ මන්තරකාරයෙක් ඉන්නවාලු. මන්තරේ හොඳ හැටියට සිද්ධි කොරලා හිටං නාසා වාතය හයියෙන් පිඹලා මිනී මරන්ට පුළුවන්ලු. මං ඒකා හොයාන යන්ට ඕනෑ" කියලා මේ වධකයා ඒ මන්තරකාරයා සොයා ගියා. ගොහිං උන්දැට වැඳලා පුදලා තෑගිබෝග දීලා ඇප උපස්ථාන කොරලා අර මන්තරේ ඉගෙනගෙන ආවා නොවැ. බලන්ට පුතේ මිනිස්සුන්නේ හැටි.

දැන් මේකා කෙලින් ම ගියා රජ්ජුරුවෝ බැහැ දකින්ට. බැහැ දැකලා මෙහෙම කියා හිටියා. 'අනේ දේවයන් වහන්ස, මට කලින් රස්සාව කොරගන්ට බැරිවුනේ මේ අතේ පයේ සවි සත්තිය නැති නිසා නොවැ. දැන් මං මහා ආනුභාව සම්පන්න මන්තරයක් සිද්ධි කොරාගෙන ඇවිත් ඉන්නේ. මට ඒකේ ආනුභාවයෙන් ආයෙමත් මගේ රස්සාව කොරගෙන යන්ට අවසර දෙන සේක්වා!" කියලා ආයෙමත් වධක රස්සාව ඉල්ලා ගත්තා. දැන් පුතේ මේ වධකයා තවත් පස් අවුරුද්දක්

මන්තර බලෙන් මිනී මැරුවා. පස්සේ නාසාවාතෙන්වත් පිඹගන්ට බැරිවුනා. ටික දොහක් ගත වෙද්දී ඇඳට වැටුනා.

ඒකනේ පුතේ අපේ භාග්‍යවතුන් වහන්සේ සීලාදී ගුණධර්ම දියුණු කොරගන්ට කියා වදාළේ. දැන් මුන්දැ එකපාරට ම "අයියෝ අනේ... ආං ගිනි ජාලා එනවෝ..... මාව පිච්චෙනවෝ... හයියෝ... අර බලාපං.... ආං ගිනිදැල් මාව වට කොරනවෝ....' කිය කියා කෑගසන්ට පටන් ගත්තා. වටේ පිටේ ගෙවල්වල මිනිසුන්ට ඉන්ට බැරිතරම් හයියෙන් යටිගිරියෙන් මුන්දැ මරලතෝනි දෙන්ට තියාගත්තා.

දවසක් අපගේ සාරිපුත්තයන් වහන්සේ එතැනින් වඩිනවා පුතේ. අනේ උන්නාන්සේගේ කරුණාවන්ත හදමඩලට හිතුනේ මෙහෙමයි. "අයියෝ.... වධක රස්සාව කරපු කෙනා නේද මේ මරලතෝනි දෙන්නේ. කවුරු උනත් නිරයේ උපදිනවා කියන්නේ එයැයිට වෙන මහා විපැත්තියක්. මං එතැනට ගොහින් උන්දැගේ සිත පහදවන්ට ඕනෑ. ස්වල්පයක් නමුත් දානයක් පූජා කොරගත්තොත් ඒ පින් බලෙන් ඔය ඉරණම වෙනස් වෙලා දෙවියන් අතරේ උපදින්ට වාසනාව මතුවෙන්ට බැරි නෑ."

බලන්ට පුතේ, භාග්‍යවතුන් වහන්සේගේ ශ්‍රාවක සඟරුවනේ කරුණාව. ඉතිං අපේ ධර්මසේනාධිපතීන් වහන්සේ ඒ වධකයාගේ ගෙදරට වැඩියා. උන්නාන්සේව දැක්කා විතරයි පුතේ අර මරලතෝනි දි දී හිටිය මිනිහාගේ හිතට මහා කෝපයක් හටගත්තා නොවැ. ඇස්ගෙඩි ලොකු කොරාන අපගේ මහෝත්තමයන් වහන්සේ දිහා බලාන උන්නා. "හහ්.... මේකා මොකෝ

මෙහේ ආවේ. මං මේකාවත් මරා දමනවා" කියලා හිටං තමන් ඇදේ වැතිරී සිටිද්දී ම අර භයානක මන්තරේ මතුරන්ට පටන් ගත්තා නොවැ. තමන්ට උපකාර කරන්ට ආ කෙනාවත් පච්කාරයාට හඳුනාගන්ට බැරි හැටි. හරි පුදුමයි නේද පුතේ.... මේකා මතුරලා හිටං නාසා වාතය නයා පිඹින්නැහේ පිඹින්ට ගත්තා. එතකොට අපේ මහෝත්තමයන් වහන්සේ ධ්‍යානයට සමවැදුනා. දැන් පුතේ මේකා පිඹිනවා පිඹිනවා මන්තරේ වැඩ කොරන්නැතිව ගියා.

"හෑ.... කවදාකවත් මෙහෙම වුනේ නෑ නොවැ. මයෙ මන්තරේ බලේ බිඳුනා එහෙනං. මුන්නාන්සේ මහා තේජවන්තයෙක් නොවැ. හප්පේ මයෙ අතින් මහා වැරැද්දක් වුනේ... හනේ මට මෙතුවක් කාලෙකට මේ උත්තමයන්ව හඳුනාගන්ට බැරි වූ හැටි.... අනේ.... ස්වාමීනී.... මට සමාවෙන්ට.... මට සමාවෙන්ට...." කියලා අපගේ සාරිපුත්තයන් වහන්සේට වන්දනා කොරන්ට පටන් ගත්තා.

අනේ පුතේ සාරිපුත්තයන් වහන්සේ අල්පමාත්‍ර වෙනසක් නැතිව කරුණා මෙත් සිතින් ම වැඩ උන්නා. එතකොට උන්දෑ තම බිරිඳට කතා කොළා. "අනේ හාමිනේ... අර මට හදාපු කිරිබත් තියෙනවා නොවැ. අනේ... ඒක ගෙනැවිත් අපේ මේ තෙරුන්නාන්සේට පූජා කොරගන්ට" කියාලා කිව්වා. එතකොට ඈ කිරිබත ගෙනත් සාරිපුත්තයන් වහන්සේගේ පාත්‍රයට බෙදුවා. අපේ සාරිපුත්තයන් වහන්සේ ඒ මරණාසන්න වධකයාට බණ කිව්වා. තිසරණේ පිහිටෙව්වා. සිල් සමාදන් කෙරෙව්වා. දානය ගැන සිහි කෙරෙව්වා.

හරි පුදුමයි පුතේ. අර වධකයාට පෙනි පෙනී වටකොරලා තිබූ ගිනිදැල් නොපෙනී ගියා. සාරිපුත්තයන් වහන්සේට දන් බෙදන හැටි ම මැවි මැවී පෙනුනා. එතකොට අපගේ සාරිපුත්තයන් වහන්සේ දන් පාත්තරය ගෙන විහාරෙට වැඩියා. අර උන්දෑ සාරිපුත්තයන් වහන්සේට පහන් සිතින් දන් බෙදූ ආනුභාවයෙන් ඒ මොහොතේ ම මිය ගිහින් චාතුම්මහාරාජික දෙවියන් අතරේ උපන්නා.

සිත පහදවාගෙන දන් දීම නං හරිම පුදුම ආරස්සාවක් සලසන දෙයක් පුතේ.

(සද්ධර්මාලංකාරය ඇසුරිනි)

05

"පුතේ... මේ.... ඔයාල දන්නවැයි අපේ බුදුරජාණන් වහන්සේ පහළ වූ මේ කල්පයට කියන නම?" කියලා එදා ආච්චි අපෙන් ප්‍රශ්නයක් ඇහුවා.

එතකොට ම නංගියා අත උඩට උස්සා මෙහෙම උත්තර දුන්නා. "ඔව්... ඔව්... ආච්චි... මං දන්නවා. මහාභද්‍ර කල්පය කියලා නේ මේ කල්පයට කියන්නේ." ආන්න එතකොට යි මටත් ආච්චිගෙන් කල්ප ගැන විස්තරේ අහන්ට සිතුනේ.

"අනේ ආච්චි, ඔය අද අහපු ප්‍රශ්නය නම් අපට හරී වැදගත්. මං ඔයාගෙන් ඔය ගැන අහන්ට ම යි උන්නේ. හැබැටම ආච්චියේ මොකක්ද මේ කල්පය කියන්නේ?"

"පුතේ... ඔයාලා ධර්මය ඉගෙන ගනිද්දී මේ කල්ප ගැනත් දැනගෙන තියෙන්ට ම ඕනෑ. එතකොටයි අපට මේ බුද්ධ රත්නයේ පහළ වීමේ ඇති මහා දුර්ලභකොම යාන්තමින් හරි තේරුම් ගන්ට ඇහැක් වෙන්නේ... ඕං... එහෙනම් මං කියා දෙන්නං... හොඳට අහගෙන ඉන්ට හොඳේ."

ඒ මෙහෙමයි පුතේ... මහා කල්පය, අසංඛෙය්‍ය කල්පය, අන්තඃ කල්පය කියාලා කල්ප වර්ග තුනක් තියෙනවා.

මහා කල්පයකට පුතේ අසංඛෙය්‍ය කල්ප හතරක් තියෙනවා. ඒ හතරට කියනවා සංවට්ට කල්පය, සංවට්ටට්ඨායි කල්පය, විවට්ට කල්පය, විවට්ටට්ඨායි කල්පය කියලා. මෙයින් එක් අසංඛෙය්‍ය කල්පයක අන්තඃ කල්ප හැට හතරක් තියෙනවා.

ඉතින් පුතේ සංවට්ට කල්පය කියලා කියන්නේ ලෝකය ක්‍රමයෙන් විනාශ වේගෙන ගොහින් නැතිවී යන කල්පයට යි. සංවට්ටට්ඨායි කල්පය කියන්නේ එහෙම නැතිවෙච්චි කල්පය ඒ නැති වී විනාශ වූ විදිහට ම කාලාන්තරයක් දිගටම එහෝම තියෙන කල්පයටයි.

ඊළඟට පුතේ විවට්ට කල්පය කියන්නේ ආභස්සර බඹතලේ පටන් පහළ ඇති සියලුම ලෝක ආයෙමත් හැදෙන්ට ගන්නා කල්පයට යි. විවට්ටට්ඨායි කල්පය කියන්නේ එහෙම හැදිලා ගිය ලෝක කාලාන්තරයක් ම එහෝම පවතින කල්පයට යි.

ඒ වගේම පුතේ ලෝකය කිව්වාම ඉන් අදහස් කරන්නේ මේ පෘථුවිය විතරක් නෙමේ. පහළ අපාගත ලෝකත් ආභස්සර බඹතලේ දක්වා ඇති සියලු ලෝක හොදේ.... ඉතින් ලෝක විනාශයේදී ඒ විනාශය තුන් අයුරකින් වෙනවා. ගින්නෙන් විනාශ වෙනවා. ජලයෙන් විනාශ වෙනවා. සුළඟින් විනාශ වෙනවා. ලෝකය හැදිලා හිටං පවතින කල්පයේදී, ඒ කියන්නේ විවට්ටට්ඨායි කල්පයේදී රෝගපීඩාවලින් දුක් විඳිමින් නැසෙනකොට ඒකට රෝග අන්තඃ කල්පය කියනවා. එහෙම නැත්නම් අවිආයුධවලින් දුක් විඳිමින් නැසෙන්ට පුළුවනි. එතකොට ඒකට ආයුධ අන්තඃ කල්පය කියනවා. එහෙමත් නැත්නම් කන්ට බොන්ට නැතිව සාගින්නෙන් මැරෙන්ට පුළුවනි.

ඒකට කියන්නේ දුර්භික්ෂ අන්තඃ කල්පය කියලයි. ඔන්න ඔය විදිහට පුතේ අන්තඃ කල්ප තුනකුත් තියෙනවා.

මං දැන් කියාපු ලෝක විනාශයේදී කල්ප විනාශය සම්පූර්ණයෙන් පටන් ගන්නේ විවට්ටට්ඨායි කියන කල්පයෙන් පස්සෙයි. ඒ කියන්නේ ලෝකය ඇතිවෙලා පැවතුනාට පස්සෙයි. ඒ විවට්ටට්ඨායි කල්පයේ උපදින සත්වයන්ගේ සිත්වල හටගන්නා රාග - ද්වේෂ - මෝහ යන තුන්වැදෑරුම් අකුසල්වලින් මොකාක්හරි එකක් බලවත් වෙනවා. ඒ අනුව රැස්කරගත් කර්මයන්ට අනුව තමයි ගින්නෙන් හරි ජලයෙන් හරි සුළඟින් හරි විනාශ වෙන්නේ. එතකොට පුතේ මේ කෝටි ලක්ෂයක් සක්වල පුරා ඉන්නා සියලු සත්වයෝ වගේම හැම භෞතික දෙයක්මත් සම්පූර්ණයෙන් ම විනාශ වෙලා යනවා. ආභස්සර, සුභකිණ්ණ, වේහප්ඵල යන බඹතල දක්වා කෝටියක් සක්වල බෙරයක ඇතුලේ මොකෝවත් නැතිව හිස් වුනා වාගේ වෙනවා.

නමුත් පුතේ ලෝකය සැදී පවතින කාලයේදීත් විනාශ සිද්ධ වෙනවා. හැබැයි සම්පූර්ණයෙන් ම නැසෙන්නේ නෑ. ඒ විනාශයට තමයි අන්තඃ කල්පවලදී විනාශ වෙනවා කියන්නේ. ඒ කියන්නේ පුතේ ලෝකය සැදී පවතින කාලයේදී විනාශ වෙන්නේ සත්වයෝ විතරයි. ඒ සත්වයන්ගේ සිත් තුළ හටගන්නා රාග - ද්වේෂ - මෝහාදී අකුසල් මුල් කොට කරන කර්මයන්ට අනුකූලව එක්කෝ රෝගයන් නිසා සත්තු වැනසෙනවා. එහෙම නැත්නම් යුදකෝලාහල ආයුධ වර්ෂා නිසා වැනසී යනවා. එහෙමත් නැත්නම් කන්ට බොන්ට නැතිව දුර්භික්ෂයෙන් වැනසී යනවා. හැබැයි ඒ විනාශයේදී සංවට්ට කල්පයේ විනාශයේදී වගේ සත්වයෝ නැත්තට නැතිවෙන්නේ නෑ.

ගොඩාක් ඇයෝ මැරෙනවා. නමුත් කොටසකගේ පණ රැකෙනවා. ඒ පණ කෙන්ද රැකගත්තු ඇයෝ ක්‍රමයෙන් කුසල් දහම් දියුණු කරගනිමින් ආයෙමත් පැවැත්ම යහපත් කොරගන්නවා. එතකොට ආයුෂ වැඩිවෙන්ට ගන්නවා."

"එතකොට ආච්චි... ඔය අන්තඃ කල්පයක් ගෙවිලා යන්ට කොච්චර කාලයක් ගතවෙනවා ද?"

"ඒක මෙහෙමයි පුතේ. ගව්වක් විතර විශාල අටුවක අබ පුරෝලා තියෙනවා කියලා හිතමු. එතකොට ඉර්ධිමත් කෙනෙක් ඇවිදින් හිටං අවුරුදු සීයකට වරක් ඒ අබ අටුවෙන් එක අබ ඇටයක් අයින් කරනවා. එතකොට පුතේ ඒ අබ අටුවේ අබ ඉවර වෙන්ට කොයිතරම් කලක් යාද?"

"හාපෝ... ආච්චියේ... අවුරුදු සියයකට ම අයින් කරන්නේ එක අබ ඇටයයි නේ. ඉතින් එහෙමනං අටුවේ තියෙන අබඇට කෝටිගණන අවසන් වෙන්ට කොයිතරම් අවුරුදු ගත වේවිද කියා කොහොමෙයි කියන්නේ?"

"ආං හරි... පුතේ. ඒ වගේ ම යි. යොදුනක් දුර ගල් පරුවතයක් අවුරුදු සියයකට වතාවක් සළුවකින් පිස දාන්ට පටන් අරන් ගොඩාක් කල් ගියාම ඒ පරුවතේ කොල්ලු ඇටයක් ගානට ගෙවෙනවා. නමුත් පුතේ අන්තඃ කල්පය ඒත් අවසන් නෑ.

එතකොට පුතේ ආන්න ඒ අන්තඃ කල්පයේ ජීවත්වෙන මිනිසුන්ගේ ආයුෂ ක්‍රමයෙන් දස අවුරුද්දට බහිනවා. එතකොට ඒ මිනිස්සුන්නේ රාගාදී කෙලෙස්වලට අනුව රෝගයෙන් හරි ආයුධයෙන් හරි දුර්භික්ෂයෙන් හරි විනාශ වෙලා යනවා. එයින් ඉතුරු වෙච්චි ඇයො කුසල්

දහම් දියුණු කොරගෙන කල්ගත කරන්ට පටන් ගන්නා නිසා ආයෙම ආයුෂ වැඩි වෙනවා. එහෙම වැඩිවෙලා වැඩිවෙලා හිටං අසංඛෙය්‍යට ම ආයුෂ වැඩි වෙනවා. ඊට පස්සේ ආයිමත් අකුසල් නිසා මිනිසුන්ගේ ආයුෂ ක්‍රමයෙන් අඩුවෙවී ගොහින් දස අවුරුද්දට බහිනවා. එතකොට ආයිමත් ලෙඩරෝගවලින් හරි ආයුධවලින් හරි දුර්භික්ෂයෙන් හරි සත්වයෝ විනාශ වෙනවා.

ඉතින් පුතේ ඒ වගේම මහපොළොව අවුරුදු දාහකට වැඩෙන්නේ අඟලයි. අන්තඃ කල්පයකදී මහපොළොව යොදුනකුත් තුන් ගව්වක් උසට වැඩෙනවා. ඒ වගේම පුතේ ඔය අන්තඃ කල්පයක යුග හෙවත් කාලපරිච්ඡේද අටක් තියෙනවා."

"මොනවාද ආච්චි ඒ යුග අට?"

"ඒ මෙහෙමයි පුතේ. උත්සර්පිණී කියලා යුග සතරයි, අපසර්පිණී කියලා යුග සතරයි. උත්සර්පිණී යුග සතරේදී සත්වයාගේ ආයුෂ අවුරුදු දහයේ පටන් අසංඛෙය්‍ය දක්වා වැඩෙනවා. අපසර්පිණී යුග සතරේදී අසංඛෙය්‍ය ඉඳන් අවුරුදු දහය දක්වා ආයුෂ පහළට බහිනවා.

ඒකෙන් උත්සර්පිණී යුග සතර කලි යුගය, ද්වාපර යුගය, ත්‍රෙතා යුගය, කෘත යුගය කියලා හඳුන්වනවා. අපසර්පිණී යුග සතර කෘත යුගය, ත්‍රෙතා යුගය, ද්වාපර යුගය, කලි යුගය කියා හඳුන්වනවා.

ඉතින් පුතේ මේ යුගවලින් කෘත යුගය කොටස් හතරකට බෙදෙනවා. ඒ සතර කොටස ම ගුණධර්මවලින් යුක්තයි. ත්‍රෙතා යුගයත් කොටස් හතරකට බෙදෙනවා.

එයින් තුන් කොටසක් ගුණ ධර්ම යුතු කාලයයි. එක් කොටසක් අධර්මයෙන් යුක්තයි. ද්වාපර යුගයත් සතර කොටසකට බෙදෙනවා. එයින් දෙකොටසක් ධර්මයෙන් යුක්තයි. දෙකොටසක් අධර්මයෙන් යුක්තයි. කලි යුගයත් කොටස් සතරකට බෙදෙනවා. එයින් එක් කොටසක් ධර්මයෙන් යුක්තයි. අනිත් තුන් කොටස අධර්මයෙන් යුක්තයි.

ඉතින් පුතේ කලියුගයක සම්මා සම්බුදුරජාණන් වහන්සේ නමක් පහළ වීම තරම් ආශ්චර්ය වෙන දෙයක් නෑ පුතේ. ඒක හරියට නිරයේ ගිනිජාලා මැදින් මල්රොන් පිරීගිය මහා පියුමක් පිපී ගොහින් දස දිසාවේ සුවඳ විහිදුවනවා වගේ මහා පුදුම දෙයක් මයෙ පුතේ.

ඉතින් පුතේ එක් මහා කල්පයකට අසංඛෙය්‍ය කල්ප සතරක් තියෙනවා. ඒ එක් එක් අසංඛෙය්‍ය කල්පයකට අන්තඃ කල්ප හැටහතරක් බැගින් තියෙනවා. එතකොට පුතේ අසංඛෙය්‍ය කල්පයකට අන්තඃකල්ප දෙසිය පනස් හයක් තියෙනවා.

ඒ වගේම පුතේ අන්තඃ කල්පයක යුග අටක් තියෙනවා නොවැ. එතකොට අසංඛෙය්‍ය කල්පයක යුග තියෙනවා දෙදහස් හතළිස් අටක්. ඔය විදිහට මහා කල්පය මහා දීර්ඝයි පුතේ.

ඉතින් පුතේ බුදුවරු නූපදින කල්ප තියෙනවා. ඒවාට කියන්නේ බුද්ධශූන්‍ය කල්ප කියලයි. බුදුවරු පහළ වන කල්ප පහක් තියෙනවා පුතේ. ඒවාට කියන්නේ සාර කල්පය, මණ්ඩ කල්පය, වර කල්පය, සාරමණ්ඩ කල්පය, භද්‍ර කල්පය කියලයි.

එතකොට පුතේ බුදුවරු පහළ වෙන අසංඛෙය්‍ය කල්ප පහක් තියෙනවා කිව්වා නේ දැන් මං. ආන්න ඒකෙදී යම් කල්පයක එක ම බුදුකෙනෙක් පහළ වෙනවා නම් ඒ කල්පය බුද්ධ ශූන්‍ය කල්පයන්ට වඩා සාරවත් නිසා එයට සාර කල්පය කියනවා.

ඊළඟට පුතේ යම් කල්පයක දෙනමක් බුදුවරයන් වහන්සේලා පහළ වෙනවා නම් ඒ කල්පයට කියන්නේ මණ්ඩ කල්පය කියලයි. මණ්ඩ කියන්නේ ඉතාමත් උත්තම කියන එකටයි. එතකොට මණ්ඩ කියන්නේ බුදුවරු දෙනමක් පහළවීමෙන් ඒ කල්පය උතුම් ගුණවත්කමින් යුක්තයි කියන එක.

ඊට පස්සේ පුතේ ඒ මණ්ඩ කල්පයේ දෙවනුව පහළ වූ බුදුරජාණෝ තුන්වැනිව අනාගතයේ බුදුවරු පහළ වෙන බවට අනාවැකි වදාරණවා. ඒ කල්පයේ තුන්නමක් බුදුවරයන් වහන්සේලා පහළ වෙනවා. එයින් ඒ කල්පය උත්තමභාවයට පත්වෙන නිසා එයට වර කල්පය කියනවා. වර කියන්නේ උතුම් කියන එකයි පුතේ.

ඊට පස්සේ පුතේ යම් කල්පයක සතර නමක් බුදුවරු පහළ වෙනවා නම් ඒ කල්පයට කියන්නේ සාරමණ්ඩ කල්පය කියලයි. ඒ කියන්නේ පුතේ ඒ කල්පය සාරවත් ගුණයෙන් උතුම් බවට පත්වුනා කියන එකයි.

ඊට පස්සේ තමයි පුතේ ඉතාම අසිරිමත් මහා භද්‍ර කල්පය උදාවෙන්නේ. ඒ මහා භද්‍ර කල්පයේ පස්නමක් බුදුවරයන් වහන්සේලා පහළ වෙනවා. මේ කල්පයට වඩා වෙනත් සුන්දර කල්පයක් නැති නිසයි මේ කල්පයට මහා භද්‍ර කල්පය කියන්නේ. ඉතින් පුතේ මේ මහා භද්‍ර කල්පයේ කකුසඳ, කෝණාගමන, කාශ්‍යප, ගෞතම

යන බුදුවරයන් වහන්සේලා සතර නමක් පහළ වුනා. ඊළඟ අන්තඃ කල්පයේදී මෛත්‍රී සම්මා සම්බුදුරජාණන් වහන්සේ පහළ වෙන්ට නියමිතයි පුතේ. එතකොට පුතේ හොඳින් මතකේට ගන්ට අපි මේ ගත කරන්නේ ගෞතම බුදුරජාණන් වහන්සේගේ බුදු සසුන පවතින කාලයේ කියලා හොඳේ..."

(සද්ධර්මාලංකාරය ඇසුරෙනි)

06

එදා අපේ ආච්චි දෑස් පියාගෙන ගොඩාක් වෙලා භාවනාවෙන් උන්නා. එතකොට ආච්චිගේ මුහුණේ සතුට පිරීගිය අමුතුම සිනාවක් දකින්ට ලැබුනා. භාවනාව අවසන් කළාට පස්සේ ආච්චි දොහොත් මුදුන් දී බුදුරජාණන් වහන්සේට වන්දනා කළා. මාත් ආච්චි ළඟට ගොහිං පැත්තකින් වාඩි උනා.

"ආච්චියේ... මේ..."

"ඇයි මයෙ පුතේ...?"

"මොකක්ද ආච්චියේ ඔයා අද කළ භාවනාව?"

"මයෙ පුතා දන්නවා නොවැ. අපගේ ශාස්තෘන් වහන්සේට ප්‍රධාන වශයෙන් බුදුගුණ නවයක් තිබුනා කියලා. මං ඒ උතුම් බුදුගුණ නවය ම එකක් ගානේ මෙනෙහි කොළා. හප්පා... හරී පුදුමයි පුතේ... ඒ බුදුගුණ සිතන්ට සිතන්ට පුදුමාකාර සන්තෝෂයක් නොවැ සිතට එන්නේ. අනේ පුතේ.... අපට මෙවන් කාලෙකත් රාග, ද්වේෂ, මෝහ නැති උතුම් සම්බුදුරජාණන් වන්සේ නමක් සරණ යන්ට ලැබුනා නොවැ කියලා. මං පුතේ මහමෙව්නාවට පිං දෙන්නේ ඒ නිසා ම යි. ඉස්සර මාත් මහා මුළාවක නොවැ උන්නෙ පුතේ. මහමෙව්නාවෙන් නිවැරදිව මේ දහම් දැනුම නොලැබුනා නං මාත් විනාසයි."

"ඇයි ආච්චියේ එහෙම වෙන්නේ...?"

"ඇයි පුතේ... මාත් ඒ කාලේ භාවනා පංති ගියා. අභිධර්ම පංති ගියා. ඤාණ කටපාඩම් කොළා. නමුත් මේ සූත්තර දේශනා අපට දැනගන්ට පිළිවෙළක් තිබ්බෙ නෑ නොවැ. ඒ නිසා රතනත්තරේ ගැන අවබෝධයෙන් සිත පහදවා ගන්ට පිළිවෙළක් තිබුනේ නැතෙයි කියන්ට පුළුවනි."

"ඇයි ආච්චිට භාවනා පංතිවලින් වැඩක් උනේ නැද්ද?"

"ඒක මෙහෙමනෙ පුතේ. මගේ හිත ඉක්මනට තැන්පත් වෙනවා. ඒ කාලේ අපට භාවනා ගුරුවරු කියාදුන්නේ මාර්ග-ඵල, ධ්‍යාන අධිෂ්ඨාන කොරලා ගන්ට කියාලා. ඉතින් පුතේ අපිත් අධිෂ්ඨාන කොර කොර භාවනා කොළා. මායාකාරී සිතත් ඉල්ලන ඉල්ලන දේ එයැයිට ඇහැක් විදිහට මව මවා දුන්නා."

"ඉතින් ආච්චියේ ඒ කාලෙ ආච්චිට දහම් දැනුම ලැබුනේ ම නැද්ද..?"

"ලැබිච්චි දේ පැහැදිලි නෑ මයෙ පුතේ. දැන් අපි ඉගෙන ගන්න චතුරාර්ය සත්‍ය, පටිච්ච සමුප්පාදය ගැන ඒ කාලේ පිළිවෙළට දැනගත්තු නැති ගානයි. ඒ කාලේ අපටත් ඕනෑ කොළේ ඒ ඒ ඤාණ උපදවා ගන්ට මිසක්කා ගුණධර්ම ඇති කොරගන්ට නොවේ. මාත් හිතාන උන්නේ මගඵල ලැබුනාය කියාලා. කලක් යනකොටයි පුතේ මට තේරුනේ මං ඉන්නේ උන්නු තැන ම යි කියාලා. සිතේ මායාවට රැවටුනා විතරයි. වෙන මොකවත් උනේ නෑ පුතේ."

"එතකොට ආච්චියේ, දැන් කාලේ තව අලුත් දෙයක් මට අහන්ට ලැබුනා. බුදුරජාණන් වහන්සේ අනිත්‍යයි, දුක්ඛයි, අනාත්මයි කියලා වදාළේ නැලු. ඒ කතාව වැරදිලු. ඒ අනිච්ච කියන්නේ ස්ථිර නෑ කියන එක නිසා ස්ථිර නැති බව අපි කොහොමත් දන්නවාලු. ඒ නිසා අනිච්ච නොවේලු. හරි වචනේ අනිච්ඡ ලු. කැමැත්තට අනුව නොපවතිනවාලු. එනිසාලු දුක හටගන්නේ."

"ඉතින් පුතේ, යමක් කැමැත්තට අනුව නොපවතින්නේ ඒක අනිත්‍ය වෙන නිසා නොවේද? ඒක අස්ථිර නිසා නොවේද? අනිත්‍යයි කියන්නේ ඒකට නේ. පුතේ, අපේ බුදුරජාණන් වහන්සේ ඔය ත්‍රිලක්ෂණය ගැන මෙහෙම නොවැ වදාළේ.

"යමක් අනිත්‍ය නම් එය දුකයි. යමක් දුක නං එය තමාගේ වසඟයේ පවත්වන්ට බෑ. අනාත්ම යි" කියලා. ඉතින් පුතේ බුද්ධ වචනය කණපිට හරවන්ට ලෝකයේ කාටවත් බෑ.

කවුරුහරි එහෙම දෙයක් කියාගෙන ගියොත් මාරාවේශයෙන් මුළා වෙලයි එහෙම කියන්නේ. ඔය වැරැද්ද වෙන්නේ පාලි වචනවල හැඩය අනුව කල්පනා කොරන්ට ගොහිං. අර්ථ ව්‍යඤ්ජන වරදවා ගන්නවා කියන්නේ ඕකට යි. අයෝනිසෝ මනසිකාරයෙන් තර්ක විතර්ක කොරන්ට ගියාම මාර බලයට අහුවෙනවා. ඕවා කියන අය හරීම මාන්නක්කාරයි පුතේ. පටිසම්භිදා ලැබුවා කියලා තවත් මුළාවෙනවා. ආයෙ කාටවත් අඩංගු නෑ. හැබැයි මාරයාට නම් අඩංගුයි. බුද්ධ සෑසනේ සුළඟවත් වැදිලා නෑ මයෙ පුතේ."

"අනේ ආච්චි තවත් තියෙනවා. ආච්චියේ... මේ... අපි මෙතෙක් කලක් ඉගෙන ගත්තේ පටිච්ච සමුප්පාදය කියලා නේ. ඒ වැරදීමක් ලු. හරි එක පටි-හි-ච්ඡ-සමුප්පාදය ලු. පටි කියන්නේ ඉනේ බඳින පටියට ලු. පටියට හිරවුනා වගේ කියලලු කියන්නේ. එහෙම නැතිව හේතු ප්‍රත්‍යයෙන් හටගන්නා දේ කියන එක නොවේලු."

මං ඒක කියපු ගමන් ආච්චි කොක්හඬ තලා හිනැහුනා. 'හෑ... මොකාක්... හොහ්... හෝ... අනේ පුතේ. එයාලාගේ කල්පනාව ඔය තරම්ම අවුල්වෙලා ද? අනේ මයෙ පුතේ... මේ අහගන්ට.... පටිච්ච සමුප්පාදය කියන්නේ සිංහල වචනයක් නොවේ. පාළි වචනයක්. පාළියෙන් 'පටිච්ච' කියන්නේ 'නිසා, උපකාරයෙන්, හේතුකොටගෙන, ඇසුරින්' යන අරුතට යි. 'සමුප්පාද' කියන්නේ 'උපදිනවා, හටගන්නවා, ඇතිවෙනවා' කියන අරුතටයි. එතකොට පුතේ පටිච්ච සමුප්පාද කියන්නේ 'හේතු ප්‍රත්‍යයන්ගෙන් යමක් හටගන්නවා' කියන එකට යි."

"ඒ වගේම ආච්චි එයාලා කියනවා සංග වෙනවා, සං වෙනවා, සං කරනවා, සං බණ කියලා සං... සං... කියලා ගොඩාක් කියාගෙන යනවා."

එතකොට ආච්චි ආයෙමත් කොක්හඬ තලා හිනැහුනා. "අනේ පුතේ... මං මහමෙව්නාව පැත්ත හැරිලා ආයෙ වතාවක් මේං වැන්දා. මහමෙව්නාවෙන් නිර්මල දහම් දැනුම නොලැබෙන්ට මාත් අද ඔය ගොඩේ හිටින්ට බැරි නෑ... හැබැට පුතේ දැන් පේනවා නේ මාරාවේශයේ බරපතලකොම. දවසක් පුතේ භාග්‍යවතුන් වහන්සේ අපට වදාළේ ඔය මාර බන්ධනය වේපචිත්ති බන්ධනයටත් වඩා සියුම් කියලයි."

"අනේ ඒ මොකක්ද ආච්චියේ වේපචිත්ති බන්ධනේ?"

"පුතේ, ඒක මෙහෙමයි උනේ. ඔන්න දේව අසුර යුද්ධයක් හටගත්තා. එතකොට පුතේ අපගේ සක්දෙවිඳාණෝ තව්තිසාවේ දෙව් පිරිස රැස්කොට මෙහෙම කීවා.

"පින්වත් දෙවිවරුනි, දැන් අපට දේව අසුර යුද්ධයකට මුහුණ දෙන්ට වෙලා තියෙනවා. ඔයාල මේ යුද්ධයේදි කොහොමහරි වේපචිත්ති අසුර රජ්ජුරුවන්ව අල්ලා ගන්ට ඕනෑ. අල්ලාගෙන එයැයිගේ දෑත් දෙකයි, පාද දෙකයි, බෙල්ලයි ගැටගසා මයෙ ළඟට කුදලාගෙන ගෙනෙන්ට ඕනෑ" කියලා.

එතකොට පුතේ වේපචිත්ති අසුර රජ්ජුරුවොත් අසුර සේනා රැස්කොරලා හිටං ඔක ම කීවා. එයැයි කීවේ සක්දෙවිඳුගේ දෑතයි, දෙපයයි, බෙල්ලයි අසුර බැම්මෙන් ගැටගසාගෙන අසුරපුරයට ගේන්ට කියලයි.

ඔන්න පුතේ, දැන් ඉතින් දේව අසුර යුද්ධෙ පටන් ගත්තා. එවර යුද්ධයේදී අසුරයෝ පැරදුනා. දෙවියෝ දින්නා. ඊට පස්සෙ පුතේ දෙවිවරු අසුර රජාගේ, ඒ කීවේ වේපචිත්තිගේ අත් දෙකයි, පා දෙකයි, බෙල්ලයි කියන මේ පස්තැනින් බැඳලා තව්තිසාවට ගෙනාවා. ගෙනැවිත් සුධර්මා කියන ශාලාවේ රන්පොළොවේ බිම දැවා. ඔය විදිහට පස් තැනකින් බැඳුම් ලැබූ වේපචිත්ති අසුරේන්ද්‍රයාගේ බන්ධනය පිටතට පේන්නේ නෑ. එයැයි ගැටගසා ඇති බවක් පිටින් දැකගන්ට නෑ. නමුත් පුතේ එයැයි ගැටගැහිලා ඉන්නේ. ඒ මෙහෙමයි. එයැයි මෙහෙම හිතනවා.

'දෙවියෝ හොඳා. එයාලා ධාර්මිකයි. දෙව්පුරේ යහපත්. සැපයි' කියලා. එහෙම සිතූ සැණින් වේපචිත්තිගේ බන්ධනය නොපෙනී යනවා. එතකොට එයැයිට සුධර්මා සභාවේ සුවසේ එහා මෙහා ඇවිද යන්ට පුළුවනි. දිව්‍ය ආහාරපානත් ලැබෙනවා. ඒවා අනුභව කරන්ටත් පුළුවනි.

එතකොට පුතේ, එයැයිට හිතෙන්නේ දැන් තමුන් නිදහස් වුනා ය කියලා. එතකොට එයැයි මෙහෙම හිතනවා. 'නෑ... දෙවියෝ හොඳ නෑ. අසුරයෝ තමා හොඳ. අසුරයෝ තමයි ධාර්මික. දෙවියෝ ධාර්මික නෑ. අසුරපුරේ ඉන්න එක මට සැපයි. මං දැන් එහෙනං අසුරපුරේට යනවා' කියා සිතූ සැණින් වේපචිත්තිගේ නිදහස නැතිවෙලා හිට අත් දෙකයි දෙපයයි බෙල්ලයි කියන පස් තැනින් සිරවෙනවා. දිව්‍ය ආහාරපාන නොපෙනී යනවා.

ඉතින් පුතේ, මේ කතාව වදාළ අපගේ භාග්‍යවතුන් වහන්සේ අපට පහදා දුන්නේ මාරයාගේ බන්ධනය ඔයිටත් වඩා ගොඩාක් සියුම් කියලයි. මේ කාලේ රහත් උනා ය, මගඵල ලැබුවා ය, ධ්‍යාන සමාපත්ති ඉපදුවා ය, බුදුරජාණන් වහන්සේ මෙහේ උපන්නා ය, මෙහෙ බුදු උනා ය, මෙහෙ දම්සක් දෙසුවා ය, මෙහෙ පිරිනිවන් පෑවා ය, අනිත්‍ය දුක්ඛ අනාත්මය වැරදි ය, පටිච්ච සමුප්පාදය වැරදි ය කියන කාටත් වෙලා තියෙන්නේ දෑසට නොපෙනෙන වේපචිත්ති බන්ධනයට අහුවුනා වගේ වැඩක් පුතේ.

හප්පේ... ඔය පුහු මාන්නක්කාරකොමක් නැතිව, තිසරණයේ සිත පිහිටුවාගෙන භාග්‍යවතුන් වහන්සේගේ අවබෝධය ගැන සිත පහදාගෙන සිටියාම අපට ඇති

පුතේ. එයින් අපි රැකෙනවා මයෙ පුතේ.

එහෙම නොවුනොත් සැඟවුනු අරුත් මතුවුනා ය, හැබෑම දහම හමුවුනා ය, අපි සෙවූ මගඵල හමුවුනා ය කිය කියා අනුන්ටත් ගරහාගෙන, කෙළෙහිගුණත් නසාගෙන, පිනත් නසාගෙන අපායට යන ගමනට ම එක්වේවි පුතේ. ඉන් එහා දෙයක් නෑ.

07

මං එදා දානමය පිං කමෙන් පස්සේ ආච්චිව මුණ ගැහී මේ ගැන අහන්ට ම යි උන්නේ. ඉතින් හවස් වෙලා මං ආච්චි ළඟට ගිහින් මෙහෙම ඇසුවා.

"ආච්චියේ.... ඔයාට මතකෙයි අද දානයට වැඩිය ස්වාමීන් වහන්සේ කියූ බණ ටික? එතෙන්දි උන්නාන්සේ කීවේ 'තුන් සිත පහදා ගෙන දුන් දානේ, උන් ගිය ගිය තැන ලැබෙයි නිදානේ' කියලා. තුන් සිත පහදාගන්ට කියලනේ. අනේ ආච්චි මොනාද ඒ තුන් සිත?"

"හෝ... මයෙ පුතා දැන් හොඳ කල්පනාකාරයෙක් නොවැ. ඔය පුරස්නේ හරී වටිනවා පුතේ. ගොඩාක් ඇයො පින් කොළාට ඒ ගැන වගේ වගක් නෑ. නමුත් පුතේ තුන් සිත ගැන අපි දැනගන්ට ඕනෑ ම යි.

ඉතින් පුතේ ඒ මෙහෙමයි. ඕං අපි අද ස්වාමීන් වහන්සේලාට දානයක් පූජා කොරගත්තා නොවැ. ඔයැයිට මතකෙයි මං කීවා අපි මේ දන් පුදන්නේ මහසඟරුවනට ය කියා?"

"හරි ආච්චි... ආච්චි අපට කියාදුන්නානේ අපේ භාග්‍යවතුන් වහන්සේගේ ශ්‍රාවක සඟරුවන කියලා ම සිතන්ට කියලා. මං හිතුවෙත් එහෙම තමා."

"ආන් හොඳා.... මයෙ පුතා හිතුවා හරි... ඉතින් අපි එහෙම හිතුවේ දන් පුදන්ට කලියෙං නොවැ. එහෙම හිතලා තමයි අපි දන් කලමනා ලේස්ති කොළේ. ඒකට කියන්නේ පූර්ව චේතනාව කියලා. දානය දෙන්ට කලිං සිත පහදවා ගන්නවා කියන්නේ එයට යි.

ඊළඟට පුතේ අපි බොහෝම ගරු සරු ඇතිව පා දෝවනය කොරලා, සුදු ඇතිරිලි එලාපු ආසනවල වඩා හිඳවලා, බොහෝම ගරු සරු ඇතිව දන් පිදුවා නොවැ. කිසි ලෝභකොමක් නැතිව අපි දන් දුන්නා නොවැ. ඒකට කියන්නේ මුංචන චේතනාව කියලා. ඒ කියන්නේ අපි සන්තක දේ පූජා කොරන වේලේ ඇති වූ සතුට නොවැ. ඒක දෙවෙනි සිත."

"එතකොට ආච්චි... තුන්වෙනි සිත මොකක්ද?"

"පුතේ ඒකට කියන්නේ අපර චේතනාව කියලා. ඒ කියන්නේ දන් පූජා කොරගත්තාට පස්සේ සිතේ උපදවා ගන්නා සංතෝෂේ. ඕං... පුතේ මට ඒක කියනකොට ම හරි අපූරු කතාවක් මතක් වුනා."

"අනේ ආච්චියේ, අපට ඒ කතාව කියා දෙන්ට."

"එහෙනම් මයෙ පුතා හොඳට අසාගෙන ඉන්ටකෝ. ඉතින් පුතේ ඉස්සර අනුරාධපුරේ උන්නු මිනිහෙක් රජ්ජුරුවන්නේ රාජකාරියකට මුගලයින් රට කියන පළාතේ මාළු අල්ලන උදවිය වාසය කරන කෙවුල් ගමට ගියා. 'හා... අපේ රජ්ජුරුවන් වහන්සේගේ සේවක කෙනෙක්' කියලා ඒ කෙවුල්ගමේ මිනිස්සු අර උන්දැට බොහෝම සැලකුවා. හොඳ හැටියට රා බොන්ට දුන්නා. උන්දැත් හොඳට පදං වෙනකල් රා බීවා. කෙළි සෙල්ලම් කොළා.

පහුවෙනිදා උදේ මිනිහාට හොඳටෝම බඩගිනියි. "අනේ බොලල්ලා.... කොටාබාන්ට මක්කවත් නැද්දැයි කියා ඇසුවා. එතකොට ඒ මිනිස්සු 'මේ අපේ රජ්ජුරුවන්ගේ දූතයා නොවැ' කියලා ඇල් හාලේ බතක් පිසලා ගිතෙල් දමා ප්‍රණීතව පිසගත් කුකුල් මස් ව්‍යංජනයක් එක්ක බත් දුන්නා.

පුතේ... ගිතෙල් දාලා හදාපු මස් ව්‍යංජනේ සුවඳට ඉව කොරාන එතැනට බැල්ලියක් ආවා. මේ බැල්ලී දැක්ක ගමන් අර මිනිහාට කේන්ති ගියා.

"හනේ... නිදකිං.... මං මේ බඩගින්නට බත්ගුලියක් ඇණුවා විතරයි... මේ... බැල්ලියක් ඇවිත්...!" කියා බැල්ලිට ගසන්ට වට පිට බැලුවා. අතට අහුවෙන මොකවත් නෑ. තමන් කන්ට අනාපු බත් ගුලියෙන් ගැහුවා. එතකොට ඒ බැල්ලි ඒ බත්ගුලිය මහා සතුටින් කෑවා. අර රාජ සේවකයාත් ඉතිරි බත් කන්ට ගත්තා. එතකොට උන්දැට තමන් බැල්ලිට දමා ගැසූ බත් ගුලිය ගැන මතක් වුනා.

"ඔව්... හරි අගේ ඇති මස් රසයෙන් යුතු බත් පිඬක් නොවැ මං බැල්ලිට විසික්කා කොළේ.. ඔව්... ඒකි හරි සතුටින් බත් පිඬ කෑවා.... හෝ... බොහෝම අගෙයි. මං ඒකෙන් කොළේ යහපත් දෙයක්" කියලා සිත පහදා ගත්තා.

ආං ඒකටයි කියන්නේ පුතේ අපර චේතනාව කියලා. දානය ගැන අර මිනිහගේ පළමු සිත පැහැදුනෙත් නෑ. දෙවෙනි සිත පැහැදුනෙත් නෑ. හැබැයි තුන්වෙනි සිත පැහැදුනා. ඒ කියන්නේ දානය දුන්නාට පස්සේ සතුටු වුනා.

ඉතින් පුතේ උන්දෑ අනුරාධපුරේට හැරී එද්දී අතරමගදී සොර මුළකට අහුවෙලා මැරුම් කෑවා. ඊට පස්සේ උන්දෑ මහලවෙහෙර කියන විහාරෙ සමීප නිවසක මනුස්ස ආත්මයක් ලැබුවා. දෙමාපියෝ මේ පුත්කුමාරයාට 'සංසදත්ත' කියලා නම තිබ්බා. මේ කොලු පැංචා ලොකු වෙලා මහලෙණ විහාරය කියන විහාරෙට ගොහින් පැවිදි වෙලා බුද්ධ සෑසනේට ඇතුළු වුනා.

ඉතින් පුතේ දැන් මේ සංසදත්ත තෙරුන් බොහෝම හොඳින් වත්පිළිවෙත් පුරනවා. ගුණදහම් වඩනවා. කලක් ගතවෙද්දී පුතේ ලංකාවට බැමිණිටියා සාගතය ආවා. ජීවත් වෙන්ට විදිහක් නැති මිනිස්සු ගම්බිම් දාලා ගියා. උපාසකවරු සංසදත්ත තෙරුන්ට ඔවුන් එක්ක යන්ට කතා කොළා.

"අනේ උපාසකවරුනේ... මං මේ බෝධීන් වහන්සේ, දාගැප් වහන්සේ වන්දනා කොරගෙන මට ඇහැක් විදිහට වත් පිළිවෙත් කොරාන ඉන්නම්. මට එහෙම මැරෙන එක සැපක්."

දැන් පුතේ ගමේ කව්රුත් නෑ. හැමෝම ගියා. මේ තෙරුන්නාන්සේ විතරක් ඉතිරි වුනා. පසුවදා තෙරුන්නාන්සේ දාගැප් බෝමළු ඇමදලා වත් පිළිවෙත් කොරලා සිව්රු පොරවාගෙන පාත්තරේ අතට ඇන්න කල්පනා කොළා. සිඬු සිඟා යන්ට තැනක් නෑ. ගල්ලෙනේ දොරකඩට වෙලා හිටගෙන උන්නා.

ඉතින් පුතේ ඔය ගල්ලෙන ළඟ රුකේ වෘක්ෂ දේවතාවෙක් උන්නා. එතකොට ඒ දේවතාවා මනුස්ස වේශයක් ඇන්න මේ තෙරුන්නාන්සේ ළඟට ඇවිත් මෙහෙම කීවා.

"අනේ ස්වාමීන් වහන්ස, පිණ්ඩපාතෙට කොහේවත් වඩින්ට ඕනෑ නෑ. හැමදාම ඔය විදිහට පාත්තරයත් අරං මෙතැනට වඩින්ට. මං දන්පැන් පුදන්නම්. තමුන්නාන්සේ සුවසේ මහණදම් පුරාගන්ට. මට ඒ ඇති."

එතකොට තෙරුන්නාන්සේ නිශ්ශබ්ද වුනා. ඉතින් පුතේ ඒ වෘක්ෂ දේවතාවා දොළොස් අවුරුද්දක් තෙරුන්නාන්සේට උපස්ථාන කළා.

දවසක් භාවනානුයෝගීව හුන් තෙරුන්නාන්සේට මෙහෙම කල්පනා වුනා. 'දැන් සෑහෙන කලක් තිස්සේ ලංකාවාසීන් මහත් දුකසේ කෑමක් බීමක් නැතිව ඉන්නවා. දාන මාන නැතිව භික්ෂූන් වහන්සේලාත් ඒ ඒ තැන විසිර වැඩියා. නමුත් මේ දේවතාවා මට හොඳ ප්‍රණීත දානයෙන් උවටැන් කරනවා. මං ඒකාන්තයෙන් පෙර ආත්මෙක බුදු පසේබුදු මහරහත් නමකට දානාදියෙකින් උපස්ථාන කොරන්ට ඇති. නැතිනම් මට මෙහෙම පහසුවක් ලැබුනේ කොහොමෙයි."

එදා දේවතාවා තෙරුන් ළඟට උපස්ථානයට ආවා. එතකොට තෙරුන්නාන්සේ දෙවියාගෙන් මෙහෙම ඇසුවා.

"ප්‍රිය දේවතාවෙනි, දැන් බලන්ට. ඔහේ මට බොහෝම ගරු සරු ඇතිව දන්පැනින් උවටැන් කොරනවා නොවැ. දේවතාවුන් වහන්සේලාට පූරුවේ උප්පැත්ති පේනවා නොවැ. මං මේ සා සැලකිලි ලබන්ට පූරුවේ ආත්මේ කළ පින මොකක්දැයි කියා මට කියන්ට ඇහැකි ද?"

"ස්වාමීන් වහන්ස, ලොව්තුරා බුදුරජාණන් වහන්සේ නමකට වේවා, පසේ බුදුරජාණන් වහන්සේ නමකට

වේවා, අර්හත් උතුමෙකුට වේවා පුදන ලද දානයේ විපාක ගැන නම් දෙවි වූ අපටවත් කියන්ට බැරිතරම් මහා අනුහස් බලයෙන් යුක්තයි. නමුත් තමුන්නාන්සේගේ කලින් ආත්මේ කළ ඉතාම ස්වල්ප පිනක් මට පේනවා. මං ඒ ගැන කියන්නම්.

ස්වාමීන් වහන්ස, තමුන්නාන්සේ කලින් ආත්මෙත් මේ ලක්දිව ම යි උපන්නේ. එතකොට මනුස්ස ආත්මයක්. අනුරාධපුරයේ උන්නේ. රාජකාරි ගමනකට තමුන්නාන්සේ කෙවුල්ගමකට ගියා. ඒ ගම්වැසියෝ ඇල්හාලේ බතුත් එක්ක ගිතෙල් මුසු කුකුල් මස් ව්‍යංජනයකින් බත් තලියක් තමුන්ට කන්ට දුන්නා. එතකොට එතෙන්ට සාගින්නේ සිටිය බැල්ලියක් ආවා. එතකොට තමුන්ට කේන්ති ගියා.

බැල්ලි දිහා රවා බැලුවා. 'නිදකිං... මේ බැල්ලි මක්කට ආවාද' කියා තමුන් කන්ට ගත් බත්ගුලියෙන් බැල්ලිට ගැහුවා නොවැ. එතකොට ඒකි මහා සතුටින් ඒ බත්පිඬ අනුභව කළා. තමුන් ඊළඟ බත් පිඬ අනුභව කරලා මෙහෙම හිතුවා. 'ෂාහ්... හරීම රසයි නොවැ. මං බැල්ලිට දුන්නේ මේ වැනි රසයෙන් යුත් බත් පිඬක්. ඔව්... ඒක හොඳා. ඒ ගැන මං සතුටුයි' කියා සතුටු වුනා. ආං ඒ අපර චේතනාව යහපත් වුනා.

ඉතින් ස්වාමීන් වහන්ස, තමුන්නාන්සේ ඒ ආත්මේ කරාපු ඔය පින තමයි මේ විපාක දුන්නේ." කියා දේවතාවා කියපු වේලේ අර තෙරුන්නාන්සේ විස්මයෙන් ඇලලී ගියා.

"අහෝ! දානය කියන්නේ මේ තරම් ආශ්චර්ය දෙයක් ද. මං මේ පූරුවේ ආත්මේ බැල්ලිකට දමා ගැසූ බත්පිඬ ගැන අපර චේතනාවෙන් සිත පහදවා ගෙන

මෙහෙම විපාක ලැබුවා නම් බුදු පසේබුදු මහරහතුන්ට, සිල්වත් සඟරුවනට දුන් දානයේ විපාක කොහොම ඇද්ද...!" කියා සතුටු වෙවී සිත සමාධිගත කොට විදර්ශනා වඩා අරහත්වයට පත් වුනා.

දැක්කාද පුතේ අපර චේතනාව මුල් වෙලා කර්ම විපාක දුන් හැටි. ඒ නිසා පුතේ දානයකදී අපි දන් දෙන්ට කලිනුත්, දන් දෙන අවස්ථාවේත්, දන් දුන්නාට පස්සෙත් කියන මේ තුන් අවස්ථාවේ ම සිත පහදා ගන්ට ඕනෑ. ඕක තමා තුන් සිත!

08

"පුතේ... මෙහෙ එන්න මයෙ පුතේ. අද මං ඔයාලාට ලාස්සන කතාවක් කියාදෙන්නම්."

එතකොට මායි නංගියි ආච්චි ළඟට දුවගෙන ගොහින් තුරුල් වුනා.

"පුතේ... හා... ඔයාලා දන්නවා නම් කියන්න බලන්න සත්‍යක්‍රියාව කියන්නේ මොකක්ද?"

"ආච්චියේ... සත්‍යක්‍රියාව කියන්නේ යම් දෙයක් සත්‍ය නම් ඒ සත්‍යයේ ආනුභාව බලයෙන් මෙහෙම මෙහෙම වෙන්ට කියලා වචනයෙන් අධිෂ්ඨාන කරන එක නේද?"

"හරියට ම හරි පුතේ... දැන් බලන්ට, අපි පිරිත් කියලා අවසානයේදී කරන්නේ සත්‍යක්‍රියා කරන එකනේ. මේ සත්‍යානුභාවයෙන් සෙත් වේවා! කියලා කරන්නේ ඒක තමා."

"අද මං ඔයාලාට කියාදෙන්ට යන්නේ එක්තරා කුමාරිකාවක් සත්‍යක්‍රියා බලයෙන් කොරාපු මහා හාස්කමක් ගැනයි."

"අනේ ආච්චියේ... මං හරී ආසයි ඒ කතාව අහන්ට."

"ඒක වුනේ මෙහෙමයි පුතේ. ඔයාලා දන්නවා නේ අපේ භාග්‍යවතුන් වහන්සේ දන් වැළඳුවේ ඉතා තුනී ගල් පාත්තරයක. ශෛලමය පාත්‍රා ධාතූන් වහන්සේ කියලයි ඒ පාත්තරේට කීවේ.

ඔයාලා දන්නවැයි ඒ පාත්තරය අපේ භාග්‍යවතුන් වහන්සේට ලැබුනේ කොහොමද කියා?"

"අනේ ආච්චියේ, අපට භාග්‍යවතුන් වහන්සේ දන් වැළඳූ පාත්තරය ගැනත් කියාදෙන්ට."

"ඒක උනේ මෙහෙමයි පුතේ. ඕන්න අපගේ භාග්‍යවතුන් වහන්සේ ශ්‍රී සම්බුද්ධත්වයට පත්වෙලා සත්සතිය වැඩඉන්නැද්දී සත්වෙනි සතියේ වැඩ උන්නේ රාජායතන කියන කිරිපලු රුක්සෙවනේ.

ඔය කාලේ තපුස්ස - භල්ලික කියන සහෝදර වෙළෙන්දෝ දෙන්නෙක් උක්කලා ජනපදයේ හිටං කරත්ත පන්සියයක බඩු පටවාගෙන යද්දී අපේ භාග්‍යවතුන් වහන්සේ වැඩ හුන් තැනට කිට්ටුවෙන් තිබුණු පාරකයි යමින් උන්නේ.

එතකොට පුතේ, මේ වෙළෙන්දන්ගේ ඥාති දේවතාවෙක් ඒ ඇත්තන්ට පෙනිලා හිට මෙහෙම කීවා.

"පින්වත්නි, ඔහේලා දන්නවැයි ආං මහා උත්තම මුනිරාජයෙක් ශ්‍රී සම්බුද්ධත්වයට පත්වෙලා අසවල් කිරිපලු රුක්සෙවනේ වැඩඉන්නවා. ඔහේලා ගොහින් උන්නාන්සේට අග්ගලායි මීපිඬුයි පිළිගන්වන්ට. පින් කරගන්ට" කිව්වා.

එතකොට පුතේ ඒ සහෝදර වෙළෙන්දෝ දෙන්නා

අග්ගලයි මීපිඬුයි ඇන්න හනික භාග්‍යවතුන් වහන්සේ ළඟට පිටත්වුනා. භාග්‍යවතුන් වහන්සේට වන්දනා කොළා.

"අනේ පින්වත් මුනිරජාණන් වහන්ස, මේ අග්ගලාත් මීපිඬුත් පිළිගන්නා සේක්වා!" කිව්වා.

එතකොට පුතේ ඒ අවස්ථාවේ අපේ භාග්‍යවතුන් වහන්සේ ළඟ පාත්තරයක් තිබ්බේ නෑ. භාග්‍යවතුන් වහන්සේ මෙහෙම හිතුවා. 'බුදුවරු අතින් දානේ පිළිගන්නේ නෑ. මං දැන් මේ දානේ පිළිගන්නේ මොකේටද?' කියා. හරි පුදුමයි පුතේ... භාග්‍යවතුන් වහන්සේගේ අදහස දැනගත් සැණින් සතරවරම් දෙව්මහරජවරු ඇවිත් "අනේ භාග්‍යවතුන් වහන්ස, මේ පාත්තරයෙන් අග්ගලාත් මීපිඬුත් පිළිගන්නා සේක්වා!" කියා ශෛලම පාත්තරා සතරක් ම පූජා කොළා. එතකොට අපගේ භාග්‍යවතුන් වහන්සේ ඒ පාත්තර සතර එක් පාත්තරයක් බවට පත්වෙන්ට කියා අධිෂ්ඨාන කොළා. එතකොට තනි පාත්තරයක් පහළ වුනා. ඒ පාත්තරෙන් තමයි පළමුවෙන්ම අග්ගලයි මීපිඬුයි පිළිගත්තේ.

එදා පටන් මයෙ පුතේ, අපේ භාග්‍යවතුන් වහන්සේ වැඩහුන් සතළිස් පස් අවුරුද්ද පුරා ම දන් වළඳා වදාළේ ඔය ශෛලමය පාත්තරයෙනුයි.

ඉතින් පුතේ අපේ භාග්‍යවතුන් වහන්සේ පිරිනිවන් පෑවාට පස්සේ ඒ බුද්ධ පාත්තරයට රජදරුවෝ මහා ආදරයෙන් පූජා සත්කාර කොළා.

එක්තරා කාලයක දඹදිව දේවපුත්‍ර නමින් මහා නගරයක් තිබ්බා. ඔය නගරයේ තමයි ඒ පාත්‍රා ධාතුන්

වහන්සේ වැඩහිටියේ. ඉතින් පුතේ දේවපුත්‍ර නගරයේ රජ්ජුරුවෝ මුල්වෙලා "පාත්‍රමහපූජා" නමින් මහා පූජාවක් පවත්වනවා.

ඔය පාත්‍රමහපූජාවේදී රන්රිදී මුතුමැණික් ආදී සත්රුවනින් සරසාපු අලංකාර රථයක් පිළියෙල කරනවා. ඒ රථයේ මැද රනින් කැටයම් කළ කණුවක් මුදුනේ මුතුකුඩය යට පාත්‍රා ධාතූන් වහන්සේ වඩාහිඳින්ට සලස්වනවා. ඊට පස්සේ අලංකාරව සරසාපු සුදු ඇත්තු සතර දෙනෙකු ලවා අර කරත්තේ ඇදගෙන යමින් නගරය ප්‍රදක්ෂිණා කරනවා. ඔය විදිහට සත් දවසක් මහා පෙරහර පවත්වාලා හිට අන්තිම දවසේ තුන්යම් රාත්‍රියේ ම බණක් කියවනවා.

ඉතින් පුතේ මේ අලංකාර පාත්‍රාමහා පූජෝත්සවය බලන්ට දඹදිව නොයේක් ජනපදවලින් මිනිස්සු එනවා. ඒ වගේම මනුස්ස වේශයෙන් දිව්‍යනාගයෝ, දිව්‍ය ගුරුළෝ, යස්සයෝ, රාස්සයෝ, සිද්ධ විද්‍යාධරයෝත් එනවා.

ඉතින් පුතේ, එදා බණ අහන්ට ඇවිත් උන්නා දෙවඟනක් වාගේ ලස්සන දැරිවියක්. එදා මනුස්ස වේශයෙන් හිටිය නාරජෙකුට මේ යොවුන් කුමාරිව දුටු ගමන් ඇව ම සහේට ගන්ට ඕනෑ කියලා මහා ආසාවක් උපන්නා. ඉතින් මේ මිනිස් වේශයෙන් හුන් කෙනා ඈට නොයෙක් අයුරින් කරුණු කිව්වා. එතකොට ඈ "මොන කරදරයක් ද මේ.... අනේ මගේ පාඩුවේ ඉන්ට දෙන්ට. මං ඕවාට කැමති නෑ" කියා ප්‍රතික්ෂේප කොළා.

හප්පෝ... එතකොට පුතේ.... මේ නාගරාජයාට හොඳටෝම කේන්ති ගියා. මං මේකිව මෙතැන මරනවා කියලා නාවෙස් අරගෙන කටින් භයානක විෂ දුමක්

පිටකොළා. එතකොට කුමාරි දෑස් පියාගෙන තුනුරුවන්ට ජීවිතය පූජා කොරලා නයාට මෙත්සිත් පැතිරුවා.

"හෑ.... මේකිත් එතකොට මහා බලසම්පන්නයි. මොකෝවත් උනේ නෑ නොවැ" කියා නාරජ්ජුරුවෝ තවත් දරදඬු වුනා. රන් කරඬුවක පිච්චමල් මාලාවක් පුදන්නැහේ මේ රන්වන් කුමාරිගේ දෙපතුලේ පටන් ම දරණවැලින් ඔතාගත්තා නොවැ. එහෙම ඔතාගෙන කුමාරිගේ හිසට උඩින් පෙණය කොරගෙන උන්නා නොවැ.

හරිම ආශ්චර්යයි මයෙ පුතේ. කුමාරි කලබොල වුනේ නෑ. තැතිගත්තේ නෑ. විලාප තිව්වේ නෑ. ධ්‍යානයකට සමවැදුනා වගේ සිත තැන්පත් කොරගෙන අහන බණ ටික අකුරක් නෑර සවන්දීගෙන උන්නා.

එළිය වැටීගෙන එද්දී මේං බණ අහන්ට ආ හැමෝම දැක්කා නොවැ මහානාගයෙක් කුමාරියකව වෙලාන ඉන්නවා. මිනිස්සු වටවුනා. "අනේ දුවේ.... ඔයාව මොකෝ මේ නාගරාජයෙක් වෙලාගෙන?"

"අනේ මාමණ්ඩියේ.... මේ නාගයා මට නරක යෝජනාවක් කොළා. මං ඒවාට කැමති නෑ කියලා කෙලින් ම කිව්වා. ඊට පස්සේ මට මහා විෂ දුමකින් පිම්බා. ඊට පස්සේ තමයි මාව මේ වෙලාගෙන කරදර කරන්නේ.

අනේ මං මේ කියන්නේ සත්‍යයක් ම යි. මං මනුස්ස ලෝකයේ උපන්දා සිට මේ අද වෙනකල් බාල බ්‍රහ්මචාරීව කුමරි බඹසර රැකගෙන ම යි ඉන්නේ. මේ සත්‍යයේ බලයෙන් නාගරජ්ජුරුවෝ වහා මේ දරණවැලෙන් මාව නිදහස් කරත්වා!

ඒ වගේම මං ඉතාම ආදර ගෞරවයෙන් බණ අසද්දී මේ නාගරජ්ජුරුවෝ මගේ සිත රාගයට පොළඹවා ගන්ට නොයේක් කරුණු කීවා. නමුත් මං මයෙ සිත කය වචනය යන තුන්දොර ම මෙයැයිගේ සරාගී කතාවට යොමු නොකොට, ආසා නොකොට ධර්මයට ම ආසා කළ බව සත්‍යයි. මේ සත්‍යානුභාවයෙන් නාරජ්ජුරුවෝ දරණවැලින් මාව නිදහස් කරත්වා!

ඒ වගේම තමුන්නේ වචනයට නම්මාගත නොහැකි තැනේදී මේ නාරජ්ජුරුවෝ ක්‍රෝධයෙන් දිලිහී මා වෙත විෂ දුම් පිටකරද්දී මා තුළ මේ නාරජ්ජුරුවෝ ගැන කෝප සිතක් නූපන් බව සත්‍යයි. මේ සත්‍යානුභාව බලයෙන් නාරජ්ජුරුවෝ දරණවැලින් මාව නිදහස් කරත්වා!

ඒ වගේම මං බණ අසද්දී ධර්මය කෙරෙහි ආදර ගෞරවයෙන් යුක්තව ම බණ ඇසූ බව සත්‍යයි. මේ සත්‍යානුභාව බලයෙන් නාරජ්ජුරුවෝ දරණවැලින් මාව නිදහස් කරත්වා!

ඒ වගේම මෙවන් විෂඝෝර භයානක නාගරාජයෙක් මගේ මුළු ශරීරය ම දරණවැලින් වෙලාගෙන හිස මත පෙණය කොට මාව භය කරමින් සිටියදීත් තුන්යම් රාත්‍රිය මුළුල්ලෙහි මං කිසිම භයක් නැතිව බණ පටන්ගත් තැන් පටන් අවසන් වෙනතුරු ම අකුරෙන් අකුර පදයෙන් පදය ඉවත නොහෙළා සිත එකඟ කරගෙන ඇසූබව සත්‍යයි. මේ සත්‍යානුභාව බලයෙන් නාරජ්ජුරුවෝ දරණවැලින් මාව නිදහස් කරත්වා!" යි කියලා මේ දැරිවි හඬ නගා කීවා නොවැ මයෙ පුතේ.

බලන්ට පුතේ. ඒ සත්‍යක්‍රියාව මහා හාස්කමක් නොවැ. එතකොට නාරජ්ජුරුවන්ට දරණ වෙලාගෙන

ඉන්ට බැරුව ගියා. ඉක්මනින් ම වෙළුම් ලිහුවා. වෙළුම් ලිහලා තමන්ගේ ශරීරයේ පෙණගොබ සීයක් මවාගත්තා. ඒ පෙණගොබ මත කුමාරිව තැබුවා. නාමෙනෙවියන් පිරිවරාගෙන ඒ දැරිවිව පැන්වලින් නාවා උදකපූජා නමින් ගෞරව දැක්වුවා.

එතකොට පුතේ, ඒ දේවපුත්‍ර නගරයේ හිටිය මිනිස්සු දහඅටකෝටියක් පමණ වටිනා මහා වස්තු සම්භාරයකින් මේ කුමාරිව පිදුවා. එතකොට කුමාරි මෙහෙමයි හිතුවේ. 'මං මේ හැම එකකින් ම බේරුනේ මං ආරස්සා කොරන කුමරි බඹසර නිසා ම යි. මං මැරෙන තුරාව ම මේ බඹසර ජීවිතේ ම ගෙවන්ට ඕනෑ' කියලා අධිෂ්ඨාන කොරගත්තා පුතේ. ඊට පස්සේ කලක් යද්දි කුමාරි අසනීපයකින් මරණයට පත්වුනා. බලන්ට පුතේ පින්බලේ ලස්සන. ඒ දේවපුත්‍ර නගරයේ දේවපුත්‍ර රජ්ජුරුවන්නේ අගමෙහෙසියගේ කුසේ නොවැ ආයෙමත් මේ කුමාරි උපන්නේ. ඈ උපන්න දවසේ සත්රුවන් වරුසා වැස්සා. කලින් ආත්මෙටත් වඩා ලස්සනයි. දෙව්ලොවින් බිමට බැස්සා වගේ. ඇගේ ලස්සන රන්වන් පාට නිසා ම ඈට නම වැටුනේ කංචන කුමාරි කියලයි.

ඉතින් පුතේ, ඒ ආත්මෙත් මේ කුමාරි පුංචි කාලේ පටන් ම කුමරි බඹසර රැකගත්තා. යොවුන් වියේදී රජ්ජුරුවන්ගෙන් අවසර ඇන්න ගිහි ජීවිතේ අත්හැරියා. භික්ෂුණීන් අතරට ගොහින් බුද්ධ ශාසනයේ පැවිදි වුනා. ටික කලකින් පටිසම්භිදාලාභී රහත් භික්ෂුණියක් බවට පත්වෙන්ට ලැබුනා. බුද්ධ සැසනේ එළිය කොරලා නිවී ගියා.

බලන්ට පුතේ.... සත්‍ය වචනයේ ආනුභාව තියෙන්ට නම් ඒ කියන කරුණ සත්‍යයක් ම වෙන්ට ඕනෙ. දැන් බලන්ට ඒ කුමාරි කුඩා සන්දියේ පටන් ම බඹසර රැක්කා නොවැ. ඒක සත්‍යයක්. අච්චර බරපතල අවස්ථාවෙත් නාරජු ගැන කෝප නොවී මෙත් සිතින් හිටියා. ඒකත් සත්‍යයක්. ධර්මයට ආදර ගෞරව දැක්වුවා. ඒකත් සත්‍යයක්. නාරජ්ජුරුවන්නේ විකාර යෝජනාවට හිත යොමු කළේ නෑ. ඒකත් සත්‍යයක්. ඒ නිසාම නොවැ ඈ රැකුනේ. රාගයෙන් නොමගට යන එකියක් වුනා නම් නාරජ්ජුරුවන්නේ අඹුව වෙලා මුළු සංසාර ජීවිතේම විනාස කරගන්නවා. මේකෙන් පුතේ අපි එක දෙයක් තේරුම් ගන්ට ඕනෑ. සත්‍යක්‍රියාවක බලය තියෙන්නේ සත්‍ය රකින කෙනෙක්ට ම යි පුතේ.

(සද්ධර්මාලංකාරය ඇසුරිනි)

09

වෙසක් පෝයට අපිට හරි සතුටුයි. අපේ ආච්චිත් වට්ටියකට ලාස්සනට පිච්චමල් සකසමින් හිටියා. මාත් හෙමිහිට ආච්චි ළඟට ගොහින් පිච්චමල් සැරසිල්ල කරන්ට එකතු වුනා.

"ආච්චියේ.... දැන් ඔන්න වෙසක් ආවානේ. ඇයි ආච්චි වෙසක් කියලා කියන්නේ? ඒ කියන්නේ වෙනසක්, වෙසක්, අලුත් දෙයක් කියන එක ද ඒ වෙසක් කියන වචනයේ තේරුම?"

එතකොට ආච්චි මං දිහා දෑස් ලොකු කොට බැලුවා. පුදුමයෙන් වගේ දත් නැති කට විදහාගෙන හිනැහුනා. "හෑ.... මයෙ පුතේ.... කවුද ඔයාට ඔය විදිහේ වැරදි අර්ථ කියාදුන්නේ? මයෙ පුතේ, අපේ සිංහල භාෂාවේ අමුතු වේෂයකටත් වෙසක් කියනවා තමයි. නමුත් මෙතනදි වෙසක් කියලා කියන්නේ වෙනසක් කියන අර්ථයෙන් නෙවෙයි පුතේ. ඒ මේ පෝය දවසේ නමයි. පුතේ.... මේ පෝයට පාළි භාෂාවෙන් කියන්නේ 'වේසාඛ' කියලා. සංස්කෘත භාෂාවෙන් කියන්නේ 'වෛශාඛ' කියලා. සිංහලෙන් කියන්නේ වෙසක් කියලා. ඒක මේ පෝයේ නම මිසක්කා වෙනසක්, අමුතු දෙයක් වැනි අරුතක් මෙතන නෑ පුතේ."

"එතකොට ආච්චියේ, මිනිස්සු වෙසක් කාලෙට වෙසක් මූණු දාගන්නවා. ඔලුබක්කෝ නටනවා. ඇයි ආච්චියේ එහෙම කරන්නේ? වෙසක් කියන වචනේ එයාලා පටලවාගෙන නේද?"

"ඔව් පුතේ.... හොඳටෝම පටලවාගෙන. මෙවැනි උත්තම වූ වෙසක් පෝයට වෙස්මූණු පැළඳගැනීම මහා බරපතල වරදක් පුතේ. ඒ වගේම ඒක වෙසක් පෝයට කරන නිගරුවක්! ඔලුබක්කෝ නැටීම කියන්නෙත් මහා බරපතල අකුසලයක්. ඔය මිනිස්සු වෙසක් පෝයට නින්දා කරනවා. මේ පෝයේ ඇති උතුම්කම එයාලා දන්නෑ නොවැ."

"ඉතින් ආච්චියේ... වෙසක් පෝය අපට මේ තරම් උතුම් වූයේ ඇයි?"

"හප්පේ.... මයෙ පුතේ.... වෙසක් පෝය තමයි අපේ සිංහල ජාතියට වාසනාව කැන්දන් ආපු පෝය. ඇයි පුතේ, වෙසක් පෝය දවසේ නොවැ අපගේ භාග්‍යවතුන් වහන්සේ මේ මනුලොව උපන්නේ. වෙසක් පෝයක ම නොවැ බුදුවුනේ. වෙසක් පෝයක ම නොවැ පිරිනිවන් පෑවේ. ඒ විතරක් යැ පුතේ, වෙසක් පෝය දවසේ තමයි අපේ සිංහල ජාතියේ ආදි පුරුෂයා වන විජය රජ්ජුරුවෝ මේ දිවයිනට ගොඩබැස්සේ. ඒ විතරක් යැ පුතේ, වෙසක් පොහෝ දවසක ම තමා අනුරාධපුරේ උඩ මළුවේ ශ්‍රී මහා බෝධිය රෝපණය කළේ. වෙසක් පොහෝ දවසක ම යි රුවන්වැලි මහා දාගැබේ ධාතු නිධන් කෙරුවේ. ඒ වගේම පුතේ, අතීතයේ හිටිය සිංහල රජදරුවෝ ඔටුණු පැළැන්දෙත් වෙසක් පෝයේ ම තමා.

ඉතින් පුතේ, අපේ සිංහල ජාතියේත් ලංකාවේ

පිහිටි බුදු සසුනේත් උතුම් අවස්ථා සෑම එකක් ම පාහේ සිදුවුනේ වෙසක් පෝයේ නොවැ. අපේ මිහිඳු මහරහතන් වහන්සේ ලංකාදීපෙට වැඩම කොළේ පොසොන් පොහොය දවසේ නොවැ. ඒ නිසා සිංහල අපට නම් පොසොන් පෝයත් වෙසක් වගේම වටිනවා."

"එතකොට ආච්චියේ, අපේ පන්තියේ යාලුවෙක් කීවා බුදුරජාණන් වහන්සේ උපන්නේ ඉන්දියාවේ නොවේලු. ලංකාවෙලු. ඒක ඇත්ත ද ආච්චියේ?"

එතකොට ආයෙමත් ආච්චි දෑස් ලොකු කරලා මං දිහා බැලුවා. ආච්චිට ටිකාක් කේන්ති ගියාවත් ද. "අනේ මයෙ පුතේ.... ආයෙ නම් ඔවැනි පච්කාර කතාවලට මොහොතකටවත් සවන් දෙන්ට එපා. ඕවා ඔයාලගේ හිතේ උපදවගන්ට තියෙන පිනටත් හානි කරන මහා භයානක අදහස්. අපේ භාග්‍යවතුන් වහන්සේගේ ජීවිතයේ හැම දෙයක් ම සිදුවුනේ ඉන්දියාවේ නොවැ පුතේ."

"අනේ ආච්චියේ, ඒ මොනාද ආච්චි ඉන්දියාවේ සිදුවෙච්ච දේ?"

"ඒක වුනේ මෙහෙමයි පුතේ. ඕං.... අපේ මහා බෝධිසත්වයෝ පාරමී ධර්මයන් සම්පූර්ණ කොරලා හිටං තුසිත දෙව්ලොව උපන්නා නොවැ. උන්නාන්සේ තමා තුසිතයේ හිටපු රජ්ජුරුවෝ. සන්තුසිත දිව්‍යරාජයා. ඉතින් දවසක් දසදහසක් සක්වල දෙවියෝ ඇවිදින් මේ සන්තුසිත දිව්‍යරාජයාට ආරාධනා කොළා මනුලොව වැඩලා බුදුවෙන්ට කියලා.

ඉතින් පුතේ.... උන්නාන්සේ ආරාධනාව භාරගත්තා. ඊට පස්සේ කාලය, ද්වීපය, දේශය, කුලය, මව් කියන මේ

පස්මහබැලුම් බැලුවා.

ඒකෙදි පුතේ, උන්නාන්සේ ඉස්සෙල්ලාම බැලුවේ කාලයයි. ඒ කිව්වේ ගුණයෙන් නුවණින් මෝරාගිය දෙවිමිනිසුන් ඉන්නවාද කියලයි. බැලින්නම් හරි නොවැ. සංසාරේ බෝධිසත්වයෝ එක්ක පෙරුම් පුරාගෙන ආපු බොහෝ උදවියගේ ගුණනුවණ හොඳට මෝරාපු කාලය ඇවිල්ලා. එතකොට ඒක හරි.

ඊළඟට පුතේ, උන්නාන්සේ බැලුවේ උපදින්නේ කොයි ද්වීපයේ ද කියලයි. උන්නාන්සේගේ දිවැස් නුවණට පෙනී ගියේ අපේ රට නොවේ. ජම්බුද්වීපය යි. ඒ කියන්නේ ඉන්දියාව. ඒ කාලේ පුතේ අපේ රටට ලංකාදීපය කිව්වා. එදත් අදත් අපේ රට අයිති වෙන්නේ ප්‍රත්‍යන්ත දේශයට යි. ඉතින් ඕං ඉන්දියාව තමයි බුදුවරු උපදින ද්වීපය කියලා දැනගත්තා.

ඊට පස්සේ පුතේ, උන්නාන්සේ බැලුවා ඒ ජම්බුද්වීපයේ බුදුවරු උපදින දේශය, ඒ කියන්නේ පුතේ ප්‍රදේශය යි. ඕං දැක්කා මධ්‍ය දේශය."

"මධ්‍ය දේශය කියන්නේ මොකක්ද ආච්චියේ?"

"පුතේ.... මධ්‍ය දේශයේ තමා සියලු බුදුවරු පහළ වෙන්නේ. පසේබුදුවරු පහළ වෙන්නේ. මහා ශ්‍රාවකයෝ පහළ වෙන්නේ. ඉතින් පුතේ, අපේ භාග්‍යවතුන් වහන්සේ ම යි ඒ මධ්‍ය දේශය අසවල් තැන ය කියා පෙන්නා දුන්නේ.

ඒ කියන්නේ පුතේ මෙහෙමයි. බුද්ධගයා මහබෝමැඩ පිහිටි වජ්රාසන භූමිය තියෙනවා නොවැ. එතනින් නැගෙනහිරට කජංගලා නමින් නියම්ගමක්

තියෙනවා. මහබෝධියෙන් ගිනිකොණට සලලවතී නමින් ගංගාවක් තියෙනවා. මහබෝධියෙන් දකුණට ශ්වේතකර්ණිකා නමින් නියම්ගමක් තියෙනවා. මහබෝධියෙන් බටහිරට ථූන නමින් බ්‍රාහ්මණ ගමකුත් තියෙනවා. මහබෝධියෙන් උතුරට උශීරද්ධ්වජ කියා පර්වතයකුත් තියෙනවා. භාග්‍යවතුන් වහන්සේ වදාළේ ඕං ඔය ගම් නියම්ගම්වලින් වටවී ඇති ප්‍රදේශයට මධ්‍ය දේශය කියනවා කියලයි.

ඊට පස්සේ පුතේ, උන්නාන්සේ බැලුවේ බුදුවරු උපදින්නේ කොයි කුලේ ද කියලයි. සාමාන්‍යයෙන් බුදුකෙනෙක් උපදින්නේ කුල දෙකකින් එකකයි. එක්කෝ බ්‍රාහ්මණ කුලේ. නැත්නම් ක්ෂත්‍රිය කුලේ. ඉතින් මෙවර අපේ භාග්‍යවතුන් වහන්සේට උරුම වුනේ ක්ෂත්‍රිය කුලේ උපදින්ටයි.

ඊට පස්සේ පුතේ බැලුවේ බුදුකෙනෙක් පිළිසිඳ ගන්නා මව්කුස ඇති මෑණියෝ ඉන්නවාද කියලයි. ඒකත් හරි. බෝධිසත්වයෝ මව්කුස පිළිසිඳ ගත්තාට පස්සේ දස මාසයකුත් සතියකට ආයුෂ තියෙන්ටත් ඕනෑ. ආං ඒ බුද්ධමාතාව කපිලවස්තුපුර ඉන්නවා දැක්කා.

ඉතින් පුතේ ඔන්න ඔය විදිහට පස්මහබැලුම් බලාලයි අපේ බෝධිසත්වයෝ මනුලොව උපන්නේ. බෝධිසත්වයන්ට වයස විසිනවය වෙද්දි නුවණ හොඳට මෝරා තිබුනා. දෙවියෝ සතර පෙර නිමිති පෙන්නුවා. එතකොට උන්නාන්සේ සංසාරේ කළකිරිලා නිවන හොයාගෙන ඇසළ පුන් පොහෝ දවසක ගිහි ජීවිතය අත්හැරලා පැවිදි වෙන්ට පිටත් වුනා. එතකොට ම මාරයා පෙනී හිටියා නොවැ. පෙනී හිටලා කිව්වා 'හාපෝ.... ගිහි

ජීවිතය ඔහොම අත්හරිනවද? පොඩිත්තක් ඉවසාගෙන ඉන්ට. වැඩිම වුනොත් සතිය යි. සතියකින් ඔයැයි සක්විති රජ වෙනවා ම යි' කිව්වා.

නමුත් මයෙ පුතේ, අපේ බෝධිසත්වයෝ උන්නැහේගේ කතා ගණන් ගත්තේ නෑ. අනෝමා ගඟෙන් එතෙර වෙලා ගොහින් පැවිදි වුනා. හප්පේ.... ඊට පස්සේ නොවැ ගත්තු වෙහෙස තියෙන්නේ. ඇයි පුතේ, උන්නාන්සෙට ආලාර කාලාම, උද්දක රාමපුත්ත කියා තාපසවරුත් මුණගැසුනා. එයාලා භාවනාව ඉගැන්නුවා. නමුත් උන්නාන්සේගේ නුවණට තේරුනා තමන් හොයන්නේ ඒක නොවේය කියා. ඒකත් අත්හැරියා.

ඊට පස්සේ පුතේ, උන්නාන්සේ වැඩියා නොවැ නේරංජරා ගංතෙරට. එහේ තමයි තපස් කොළේ. මහා දුක් වින්දා. නොකා නොබී හිටියා. සිහිසන් නැතුව වැටුනා. එතකොට මාරයා භයවුනා. 'මේ ඇත්තා මෙහෙම වීරිය කළෝතින් නම් බුදුවෙන්ට බැරි නැතෙයි' කියා. ඉතින් උන්දෑ ඇවිත් පෙනී හිටියා. පෙනී හිටලා මෙහෙම කිව්වා. 'මේ.... ශ්‍රමණයන් වහන්ස, ඔහේ ඔය වීරිය අත්හරින්ට. ඔහොම වීරිය කළොතින් මැරිලා යාවි. මට දුකායි. කොහොමත් නිවනක් හොයාගෙන වීරිය කරපු කෙනෙක් දින්නේ නෑ. ඒ නිසා ඔය අදහස අත්හැරදමන්ට' කියා කිව්වා. උන්නාන්සේ එයැයිගේ අදහසට පසුබට වුනේ නෑ.

ඊට පස්සේ පුතේ, අද වගේම වෙසක් පොහෝ දවසක හැන්දෑ ජාමේ අපේ භාග්‍යවතුන් වහන්සේ නේරංජරා නදිය අසබඩ ජය සිරි මහබෝ සෙවනේ වජිරාසනය මත වාඩිවුනා නොවැ. මහා අධිෂ්ඨානයක් ගත්තා. නිවන් අවබෝධ නොකොට නැගිටින්නේ ම නෑ

කියා සිතට ගත්තා. ආන්න එතකොටයි මාරයා ගැස්සුනේ. උන්දෑ කලබල වුනා. මහ භයානක හස්තිරාජයෙකුගේ පිටින් මහබෝමැඬ ඉදිරියට දුවගෙන ආවා නොවැ. දස බිම්බරක් මාර සේනාව ලවා වට කොළා නොවැ. මහා බිහිසුණු විදිහට තර්ජන ගර්ජන කරන්ට පටන් ගත්තා නොවැ.

අනේ මයෙ පුතේ.... එදා උන්නාන්සේ ළඟ ඉන්ට කොයියම් ම දෙවියෙකුටවත් බැරිව ගියා. උන්නාන්සේ තනිවුනා. එතකොට පුතේ, මාරයා මහ භයානක හඬ පතුරුවාගෙන ගල්වරුසා එව්වා. ආයුධ වරුසා එව්වා. අවීචි මහා නරකයෙන් ගිනිදැල් උඩට ඇන්න එයින් පහර දුන්නා. ඒත් අපේ භාග්‍යවතුන් වහන්සේ නොසැලී සිටියා නොවැ. බැරිම තැන මාරයා කෑගසා කීවා 'ඒයි සිද්ධාර්ථ, ඔතනින් නැගිටපං. ඔය වජිරාසනය අයිති මටයි කිව්වා. එතකොට අපේ භාග්‍යවතුන් වහන්සේ ඇහුවා පුතේ 'මාරය, ඔහේ මේ වජිරාසනයට අයිතිවාසිකම් කියන්නේ මොන වගේ සාක්කි ඇතුවද?' කියලා.

එතකොට පුතේ, දස බිම්බරක් මාර සෙනඟ එක්පැහැර මහා හඬින් 'ඇයි මේ අපි ඉන්නේ. අපි තමයි සාක්කි' කිව්වා. දැන් මාරයාට හරි ආඩම්බරයි. උන්නැහේ හිතුවේ අපේ භාග්‍යවතුන් වහන්සේව නැගිටුවන්ට ඇහැක කියලයි. ඉතින් උන්නැහේ ඇහුවා 'හරි සිද්ධාර්ථයෙනි, ඔයැයි ඔය වජිරාසනයේ වාඩිවෙන්ට තියෙන අයිතිවාසිකමට සාක්කි කෝ?' කියලා.

අනේ මයෙ පුතේ, එතකොට අපේ භාග්‍යවතුන් වහන්සේ දකුණු ශ්‍රී හස්තයේ ඇඟිලි මහපොළොවට ස්පර්ශ කරලා මිහිකතගෙනුයි ඇසුවේ 'එම්බා මිහිකත,

තී හොඳ හැටි දන්නවා නොවැ මං පාරමී ධර්ම පිරූ හැටි. දැන් ඉතින් තී තමයි මං ගැන සාක්කි දෙන්ට ඕනෑ' කියලා. හප්පේ මයෙ පුතේ, පුදුමෙනුත් පුදුමයි නොවැ. එතකොට පුතේ, මහා මුහුදේ රළගෙඩි ඕං ඔහොම පෙරලෙන්නැහේ පෙරලි පෙරලී හිටං ගිගුම් දිදී නටන්ට පටන් ගත්තා නොවැ. ඇත්රජා කලබල වුනා. බිම වැටුනා. ඒත් එක්ක ම මාරයත් බිම වැටුනා. මාර සේනාව හිස හැරුණු අතේ පළාගියා. මාරයාට පරාජය පිළිගන්ට සිද්ධ වුනා.

ඒ වුනාට පුතේ, මාරයා මේ සත්වයා සංසාරෙන් එතෙර වෙනවාට කැමති නෑ. වැඩි කලක් නොගිහින් ඉන්දියාවෙන් බුදු සසුන අතුරුදහන් වුනා නොවැ. ලංකාවෙත් වරින් වර සාසනේ නැතිවුනා. කොටින් ම භික්ෂූන් වහන්සේනමක් දකින්ට නැති කාලයකුත් ලංකාවේ තිබ්බා. දැන් වුනත් මිනිස්සු තෙරුවන් සරණ ගොහින් පින් කරගන්නවාට උන්නැහේගේ කැමැත්තක් නෑ නොවැ. කැමැති ම අවුල් කරන්ටයි. ඒකට පාවිච්චි වෙන්නේ මිනිස්සුන්ව ම යි. ඉතින් උන්නැහේගේ බැල්ම වැටුනහම ඒ උදවිය කියනවා බුදුවරු උපන්නේ ලංකාවේ ය කියා. රහත් වුනා ය කියනවා. මගඵල ලැබුවා ය කියනවා. එහෙම මුළාවෙලා උඩඟු වුනාට පස්සේ නිහතමානී වෙන එක ලේසි නෑ. අන්තිමේදි ස්වල්ප පිනක්වත් කරගන්ට තියෙන අවස්ථාව නැතුව යනවා.

ඒ නිසා මයෙ පුතේ, භාග්‍යවතුන් වහන්සේ ලංකාවේ උපන්නා ය කියන මිසදිටු කතාවලට රැවටෙන්ට එපා. ඒක හරිම භයානක මුසාවක්.

10

එදා ආච්චි තනියම කල්පනා කර කර ඉන්නවා වගේ පෙනුනා. මාත් හෙමිහිට ආච්චි ළඟට ළං වුනා. "ආච්චි... ආච්චියේ... මොකෝ මේ ඔයා අහස පොළොව ගැටලන්ට වගේ බර කල්පනාවක?"

"නෑ... මයෙ පුතේ... මං මේ කල්පනා කොළේ අපට කල්‍යාණමිත්‍ර සත්පුරුෂ ආ|ස්සරේ ලැබුනු නිසා වෙච්චි ලාභය ගැන. ඇයි... පුතේ දැන් නොවැ අපි දන්නේ මේ භයානක සංසාර ගමන ගැන...."

"ඒක ඇත්ත ආච්චි... අපි උනත් මේ හැටි හොඳ දේ දැනගත්තේ ආච්චි අපට කියා දුන්නු නිසා නොවැ."

"සත්පුරුෂ ආස්සරේ ගැන කියද්දි මට ලස්සන කතාවක් මතක් වුනා පුතේ."

"අනේ ආච්චියේ මොකක්ද ඒ ලස්සන කතාව?"

"ඒ මෙහෙමයි පුතේ, ඉස්සර අපේ ලංකාවේ රුහුණු ජනපදේ 'වියදියා' කියලා වැද්දෙක් උන්නා. එයැයිගේ රස්සාව තමා දඩයම. දවස ගානේ පන්සියයක් විතර සත්තු මරණවා. දවසක් මුන්දැට දඩයම් නැතුව ගියා. මුන්දැගේ මායියා එලෝලුවක් එක්ක බත් උයලා තිබ්බා. මුන්දට බත් වළඳ දැක්ක ගමන් කේන්ති ගියා.

"නිදකිං විතරක්!... මෙච්චර මස් තියෙන ගෙයි මට කන්ට මස් නැද්ද?" කියා මන්නයක් අරං ගේ පිටිපස්සට ගියා. තණකොළ කන වස්සාගේ දිව ඇදලා කැපුවා.

"මේං මේක උයලා දිපිය" කියා මායියාට දුන්නා. උන්දැ භය වෙලා හනිකට උයලා දුන්නා. වියදියා බත් කෑවා විතරයි.මුළු ශරීරය ම ගින්නෙන් පුළුස්සනවා වාගේ මහා දැවිල්ලක් හටගත්තා. එළිවෙන තුරා වේදනාවෙන් හඬ හඬා උන්නා. පහුවෙනිදා උදේ ම සේරුවිලට ගියා. මංගල වෙහෙර වන්දනා කොරලා හිටං භික්ෂූන් වහන්සේ නමකට ගිහිං රාත්තිරී තමන්ව පිච්චුනා ය කියා කිව්වා. උන්නාන්සේ හඳුනාගත්තා මෙයැයි වැද්දා බව. ඉතිං ප්‍රාණඝාත කොරන්ට එපාය කියලා දේවදූත සූත්‍රයෙන් බණ කීවා. ඊට පස්සේ පින් කොරන්ට කියලා විමාන වස්තුවෙන් බණ කීවා.

ඉතිං පුතේ, එදා පටන් මුන්දැ දඩයම් ගියේ නෑ. සත්ව ඝාතනය එහෝම නැවැත්තුවා. දැන් නිතරම බණ අහන්ට යනවා, සිල් ගන්නවා. උන්දැ යහපත් මගට ආවා.

දවසක් පුතේ මේ වැද්දා ජනයාත් සමග මුහුදට නාන්ට ගියා. මුහුදේ උන්න දිව්‍ය නාගයෙක් මුන්දැව දැක්කා. දැකලා හිටං ඇවිත් දරණවැලින් වෙලා ගත්තා. වැද්දාට තේරුනා තමුන්ව නයෙන් වෙලාගත් බව. වැද්දා කලබොල වුනේ නෑ. හනික සිහිය උපදවා ගත්තා.

'මං ඉස්සසෙල්ලාම ඇසුවේ දේවදූත සූත්‍රයයි. ඒක අපගේ බුදුරජාණන් වහන්සේ විසින් ම වදාළ බව සත්‍යයි. බුද්ධ පුත්‍ර වූ සංඝයා වහන්සේ එය බුදුබණ ලෙසින් දරාසිටින බව සත්‍යයි. ඒ බණ මං ශ්‍රද්ධාවෙන් ඇසූ බව සත්‍යයි. මේ සත්‍යයෙන් මට අන්තරාවක් නොවිචා!'කියා

අධිෂ්ඨානයක් ඇති කරගත්තා.

මෙයැයිගේ මේ ධර්මානුභාවය නිසා නාගරාජයාට මොහුව මරාගන්ට බැරිව ගියා. නාගරාජයා වැද්දාව අරගෙන නාග භවනට ගියා.

"මිත්‍රයා... උඹ මැරෙන්ට භය නැත්තේ ඇයි? මට ඒක පහදා දීපං" කියලා නාගරාජයා උන්දැගෙන් ඇසුවා. උන්දැට මතක දේවදූත සූත්‍රය නොවැ. උන්දැ මෙහෙම කීවා.

"මහා නාගරාජය, අපගේ සම්බුදුරජාණන් වහන්සේ තමයි සියලු රසයන්ට වඩා අග්‍ර රස ඇති ධර්මය වදාළේ. ඉතින් මටත් දේවදූතයන්ගේ බණ කියා අපූරු බණක් අහන්ට ලැබුනා. එදා පටන් මං තිවිධ රත්නය සරණ ගියා. පංච සීලයේ පිහිටියා. ඉතින් මං දැන් මක්කටෙයි භය වෙන්නේ."

"අනේ මිත්‍රයා... මාත් ආසයි ලොව්තුරා බුදුන්නේ බණක් අසන්ට. අනේ මටත් කියාපංකෝ. මාත් මනාපයි බුදුන්නේ බණ අසන්ට."

"නා රජ්ජුරුවන් වහන්ස, අප සම්මා සම්බුදුරජාණන් වහන්සේ මට පව් කියා දෙයක් වදාළා. ඒවා කොරන්ට හොඳ නෑ. බොහෝම භයානකයි. ඒ කියන්නේ මෙලොව පරලොව ගැන නොබලා කවුරුහරි ප්‍රාණඝාත කොළොත් ඒක හරීම භයානකයි. ඒ වාගෙමයි හොරකොම. වල් වලත්ත වැඩ කොරන්ට ම නාකයි. බොරු කීමත් හොඳම නෑ. සුරාපානය හරීම නරකයි.

හැබැයි සත්පුරුෂ ආස්සරේ නැතිව ඉඳන් ඔවැනි භයානක පව් කොළෝතින් ඒකුන් ගොහින් නිරයේ

උපදිනවා. සංජීව, කාලසූත්‍ර, සංඝාත, රෞරව, මහාරෞරව, තාප, ප්‍රතාප, අවීචි කියන මහා නරකාදි අටක් තියෙනවා. පව්කාරයෝ ගොහින් ඒ අටමහා නරකයේ උපදිනවා. ගිනි ජාලාවන්ට මැදි වෙලා ලොහො දිය බිබී යමපල්ලන්ගේ අටෝරාසියක් වධබන්ධනයන්ට ලක්වෙනවා.

ඒ වගේම නාරජ්ජුරුවන් වහන්ස, ඔය අට මහා නිරයේ එක් එක් නිරයට දොරටු සතර ගානේ දොරටු තිස් දෙකක් තියෙනවා. ඒ එක් එක් දොරටුව ළඟ උස්සද නිරයවල් සතරක් තියෙනවා. ඒ කියන්නේ එක නිරයකට දොරටු සතරයි. දොරටුවක් ළඟ සතර බැගින් උස්සද නිරය දහසයයි. එතකොට ඔක්කෝම උස්සද නිරය එකසිය විසි අටයි. මහා නිරය අටත් එක්ක එකසිය තිස් හයයි.

නාරජ්ජුරුවන් වහන්ස, අවීචි මහා නරකාදිය තුන්සිය දහඅට යොදුන් විශාලයි. නවසිය පනස් හතර යොදුනක වටයෙන් යුක්තයි. උස්සද නිරය සතරත් එක්ක දසදහසක් යොදුන් විශාලයි. ඔය අවීචි මහා නරකාදියේ දොරටු හතර වටා මේන්න මේ උස්සද නිරයවල් පිහිටා තියෙනවා. 1. අබ්බුද 2. නිරබ්බුද 3. අබබ 4. අටට 5. අහහ 6. කුමුද 7. සෝගන්ධික 8. උත්පල 9. පුණ්ඩරීක 10. පදුම 11. ගූථ නරකය 12. කුක්කුල නරකය 13. කටුහිඹුල් වනය 14. අසිපත්‍ර වනය 15. ඛාරෝදක වේතරණී නදිය 16. ලෝකුඹු නරකය.

නාරජ්ජුරුවෙනි, අටමහා නරකය ගැන කතා කිරීම පැත්තකින් තියමු. මේ උස්සද නිරයක උපන්නොත් ලොව්තුරා බුදුන්ට මිසක් කිසිම එර්දිමතෙකුටවත් ඒ සතුන් විඳින දුක කියලා අවසන් කොරන්ට බෑ.

ඒ වගේම නාරජුනේ, ඔය නරකාදිවල ආයුෂ හරිම දිගායි. එකකට වැටුනොත් ඒකෙන් අනිකට වැටෙනවා. ගූථ නරකය, කුක්කුළ නරකය, හිඹුල් වනය, අසිපත් වනය, වේතරණී නදිය, ගිනිඅඟුරු පරුවතේ, සංඝාත නරකය ආදියේ දුක් මෙතෙකැයි කියා කියන්ට බෑ. ඒ නිසා මේවායේ උපදින්ට හේතුවන අකුසල් නොකරම ඉන්ට ඕනෑ.

ඒ වගේම නාරජුනේ, තිරිසන් අපායේ උපන්නත්, පෙරේත ලෝකේ උපන්නත් දුක් ම යි විඳින්ට තියෙන්නේ. ඔය කියපු කිසිම ලෝකයක සත්පුරුෂ ආස්සරයක් නෑ. අනේ නාරජුනේ මාත් මේ මනුස්ස ලෝකෙන් නිරයේ යන්ට නියමව හිටිය එකෙක්. අනේ මාව ඒ සත්පුරුෂයන් වහන්සේලා උතුම් තිසරණයේ පිහිටෙව්වා. සීලයේ පිහිටෙව්වා. දැන් මං මැරෙන්ට භය නෑ.

එතකොට පුතේ, නාරජ්ජුරුවෝ බොහෝම සතුටු වුනා. සිතූ පැතූ සම්පත් දෙන නාගමාණික්‍යයක් එයැයිගේ අතට දුන්නා. ආයෙමත් වෙරළට ගෙනැවිත් තිබ්බා. උන්දෑ එදා ම නාග මාණික්‍ය ගෙදරට දුන්නා. තමන් ගිහි ජීවිතේ අත්හැරියා. සේරුවිලට ගොහින් තමන්ට දේවදූත සූත්‍රය කියාදුන්න භික්ෂූන් වහන්සේව සොයා ගිහින් මේ හැම දෙයක් ම කිව්වා. තමන්ව පැවිදි කරන්ට කියා ඉල්ලා සිටියා. භික්ෂූන් වහන්සේලා වියදියා ව පැවිදි කළා. වැදි තෙරුන්නාන්සේ කියලා ඒ භික්ෂුව ප්‍රසිද්ධ වුනේ. බොහෝ වීරිය අරගෙන ධර්මයේ හැසිරිලා රහතන් වහන්සේ නමක් බවට පත්වුනා.

බලන්ට පුතේ, සත්පුරුෂ ආස්සරේ මොනතරම් උතුං ද. දැන් බලන්ට... අර වැද්දා වැදි ජීවිතේ ම ගෙව්වා

නම් එයැයි මේ වෙද්දිත් මහානිරයක ඉපදිලා අඳෝනා නගමින් දුක් විඳිනවා නොවැ. අපගේ මහා සත්පුරුෂයන් වහන්සේ වන සම්මා සම්බුදුරජාණන් වහන්සේ සත්‍ය රසයෙන් රසවත් වූ ධර්මය වදාළා නොවැ. ඒ ධර්මය එදා බුද්ධපුත්‍රයන් වහන්සේලා කටපාඩමින් දරාගෙන හිටියේ. ඒ ධර්මය සත්පුරුෂයන් වහන්සේලාගෙන් අසන්ට තරම් අර වැද්දාත් මොකාක් හරි පිනක් කොරලා තියෙන්ට ඇති. ඉතිං පුතේ, ඒ බණ ඇසීම මොනතරම් උතුම් දෙයක් උනාද. වැද්දාට සියලු අකුසල් නසා රහත් ඵලයට පත්වෙන්ට ලැබුනා. සත්පුරුෂ ඇසුර නිසා මොනතරම් පිරිසක් දෙවියන් අතර උපන්නා ද. සාදු... සාදු... ත්‍රිවිධ රත්නයෙහි අපව සමාදන් කරවන කල්‍යාණමිත්‍ර සත්පුරුෂ ආස්සරේ උතුම් දෙයක් ම යි නේද පුතේ.

11

එදා අපේ ආච්චි දවස පුරාම වාගේ හාල් කෙටුවා. වංගෙඩියේ දමා හාල් කෙටුවට ආච්චිට කිසිම මහන්සියක් නෑ වගේ. එතකොට අපේ අම්මා එතැනට ආවා.

"හප්පේ.... අම්මාට කිසිම මහන්සියක් නෑ නේ. අද දවස ම හාල් කෙටුවා නොවැ. ඇත්තටම අම්මාට තවම හයිය තියෙනවා නේ."

"නැත්තෙ මොකෝ දුවේ... මං මේ අත්දෙකින් මොනතරම් හාල් කොටලා ඇද්ද. අපි කුඩා සන්දියේ පාන් පිටි නෑ නොවැ. ඉතිං අපි ඉදිආප්ප, පිට්ටු, ආප්ප ඔක්කෝම හදන්නේ මෙහෙම පිටි කොටලා තමයි. මං මොනතරම් දානෙ දීලා ඇද්ද මේ අත්දෙකින් පිටි කොටලා."

"අනේ අම්මේ, අපට නම් බෑ නොවැ. ඔහොම අපි පිටි කෙටුවොත් අත්දෙකේ කරගැට ඒවි. කොන්දේ අමාරු හැදේවි."

"නෑ දුවේ... මේවා නොකරන නිසාමයි ඔයාලාට ලෙඩ වැඩි."

"එතකොට මටත් ආච්චිගෙන් ප්‍රශ්නයක් අසන්ට ඕන වුනා. "අනේ ආච්චියේ.... එතකොට මට කියන්ට

කෙනෙකුට සවිසත්තිය ලැබෙන්න එයාට සංසාරේ කළ පින් බලපානවා ද?"

ඔව් පුතේ... මං මේ වැඩ ටික ඉවර කොරලා හිටං පහල ළිඳෙන් නාගෙන එන්නම්. දුවේ... ඔයා මට කිතුල්පිටි කැඳ ටිකක් හදා තියන්න. මං ඇවිත් මයෙ පුතාගේ දහම් ගැටළුව විසඳා දෙන්නම් කෝ."

ඉතිං ආච්චි නාගෙන ඇවිත් හාන්සි පුටුවේ වාඩි වෙනකල් මං මගබලාගෙන හිටියා. ආච්චි ඇවිත් කිතුල්පිටි කැඳ බීලා හාන්සි පුටුවේ ඇලවුනා. මං ගිහින් ආච්චි ළඟ බිමිං වාඩිවුනා.

"මයෙ පුතා අද ඇසූ කාරණාව මොකක්ද පුතේ?"

"අනේ ආච්චි... මට දැනගන්ට ඕනෑ වුනේ කෙනෙක්ට කායික මානසික ශක්තිය පිහිටන්ට පෙර ආත්මයේ කරපු පින් ඕනෑ ද කියලයි."

"සත්තකින් ම පුතේ... පෙර ආත්මෙක රැස්කළ පින් ඕනෑ ම යි. දැන් බලන්ට අපගේ භාග්‍යවතුන් වහන්සේ දුෂ්කර ක්‍රියා කරන කාලේ ආහාර නොගෙන මොනතරම් භයානක තපස් කළා ද. ශරීරය මොනතරම් කෘශ වුනා ද. ඇස් යටට ගිලිලා ගියා. ඇඟපත නහරවැල් මතුවුනා. කුස අතගාද්දි පිට කොන්ද අසුවුනා. හප්පා ස්වල්ප දුකක් ද! ඒත් උන්නාන්සේ අපවත් වුනේ නෑ. සිතේ තැන්පත් බවේ, නුවණේ අඩුවක් වුනේ නෑ. ඒ ඉතින් පිං බලේ ම නේ පුතේ.

ඒ වගේම මට තවත් කතාවක් මතක් වුනා."

"අනේ ආච්චියේ මට ඒ කතාව කියාදෙන්ට."

"ඒ මෙහෙමයි පුතේ, ඔයැයි දන්නවා නොවැ අපේ බුදුරජාණන් වහන්සේ පහළ වෙන්ට කලිං බුදු කෙනෙක් පහළ වුනානේ. උන්නාන්සේ තමයි කාශ්‍යප සම්බුදු රජාණෝ. ඉතිං පුතේ ඒ කාශ්‍යප බුද්ධ ශාසනේ ගැන එක්තරා පුරුෂයෙක් ගොඩාක් පැහැදුනා.

ඉතිං ඔහු ඒ කාශ්‍යප බුදුරජුන්ටත් භික්ෂු සංඝයාටත් කායික සවිබල පිහිටන විදිහේ දේවල් සොය සොයා පූජා කොළා. ඒ කියන්නේ සිවුරු, ඇඳපුටු, පොරෝනා ආදියත්, කිරි ගිතෙල් ආදී පස්ගෝරස, නීරෝග බවට වුවමනා බෙහෙත් ඖෂධ, සීත කාලෙට ගිනි කබල් ආදී මේවා මහත් ශ්‍රද්ධාවෙන් පූජා කොරගත්තා. නිරන්තරයෙන් පන්සිල් රැක්කා.

ඉතිං පුතේ, එයැයි ඔහොම පිං කොරලා හිටං මැරිලා ගිහින් දෙව්ලොව උපන්නා. ඊටපස්සේ පුතේ, මෙයැයි දෙව්ලොවින් චුතවෙලා ආයෙමත් මනුස්ස ලෝකෙට ආවා. ඒ අපේ ධර්මාශෝක රජ්ජුරුවන්නේ කාලේ. ධර්මාශෝක රජ්ජුරුවන්නේ අගමෙහෙසියකගේ කුසේ පිළිසිඳ ගත්තේ. කුමාරයා උපන්නා. හැබැයි කුමාරයාගේ හිසේ ලෝම පිහිටා තිබුනේ අපිළිවෙළට. ඒ නිසා මේ කුමාරයාට විෂම ලෝම කුමාරයා කියා නම තිබ්බා.

මේ කුමාරයා රන්රුවක් වාගේ ලාස්සනයි පුතේ. ඒ වගේම 'බුද්ධ - ධම්ම - සංඝ' යන ත්‍රිවිධ රත්නය 'මගේ' කියලා දැඩිව අදහාගෙන උන්නා.

දවසක් පුතේ ධර්මාශෝක රජ්ජුරුවෝ මේ විෂමලෝම කුමාරයත් සේනාවත් රැගෙන හිමාලෙ ගියා. ගිහින් හිමාලේ 'චන්ද්‍රභාගා' කියන ගංගාව ළඟට ආවා. එදා උඩහට වැහැලා.

හප්පේ... පුතේ... චන්ද්‍රභාගා ගංගාව ගලාබසිනවා මහා වේගයෙන්. වේගවත් සැඩපහර, රළගෙඩි පෙරලාගෙන, පෙණ බුබුලු විහිදුවාගෙන මහා වේගයෙන් පහළට ගලනවා. ඒ මදිවට ගඟේ කිඹුල්ලු.

ධර්මාශෝක රජ්ජුරුවෝ දෑස් විදහාගෙන හිනැහීගෙන ගංගාවේ වේගයෙන් ගලාබසිනා සැඩපහර දෙස බලා උන්නා. මෙහෙම කිව්වා.

"එම්බා මිත්‍රවරුනි, බලාපල්ලා මේ ගංගාව දිහා. මේ ගංගාව සතර ගව්වක් පළලයි. ගව්වක් ජඹුරයි. මේ ගංගාවට පැන පිහිනා එතෙර යන්ට ඇහැක් වීර පුරුෂයෙක් මෙතැන ඉන්නවා ද?"

එතකොට විෂමලෝම කුමාරයා ඉදිරිපත් වුනා. ඇවිත් වන්දනා කළා. "මහරජ්ජුරුවන් වහන්ස, රෝහිත මත්ස්‍යයෙක් වගේ මට පුළුවනි සැණෙකින් එතෙර යන්ට. ඒ විතරක් නොවේ. එසැණින් ම මෙතෙරටත් එන්ට. මට අවසර දෙනු මැනව."

එතකොට පුතේ රජ්ජුරුවෝ 'හොඳා එහෙනම් මට පෙන්නාපං' කීවා. විෂමලෝම කුමාරයා යටිසළුව හිරවෙන්ට හැඳගත්තා. හිස කුඩුම්බිය ගලවා හිසකේ කරල් කොට තදට ගොතා පිට මැදට හෙලා ගත්තා. ගං ඉවුරේ සිට දහඅට රියනක් උඩට අහසට පැන්නා. දෙගව්වක් ගඟ මැදට පැන්නා. දියපහර කපාගෙන මහා තල්මසෙක් වගේ වේගයෙන් පිහිනා ගියා. එතකොට තමන්ව ගොදුරු කරගන්ට කිඹුල්ලු පන්නාගෙන ආවා. කුමාරයා යකඩ මුගුරකින් ගසා තලනවා වාගේ තමන්ගේ බාහු බලයෙන් කිඹුලන් තල තලා එතෙරට ගියා. ආයෙමත් කිඹුල්ලු තල තලා වේගයෙන් මෙතෙරට පීනා ආවා. ඒ පීනා ගිය

ගමනේදී මැරුම් කෑ කිඹුලන්ගේ ගණන එකසිය විස්සක්. කුමාරයා ඇවිත් රජ්ජුරුවන්ට වන්දනා කොට සිටගත්තා.

තම පුත් කුමාරයාගේ ශක්තිය දැකපු රජ්ජුරුවෝ භයට පත්වුනා. 'ම්... හ්... පුතා වුනත් මේකා මහා ශක්තිවන්තයා. මාව මරවලා හිට රජකම ගන්ටත් බැරි නෑ. මේකාව ඉක්මනින් ම මරවන්ට ඕනෑ' කියලා සිතා ගත්තා. පාටලීපුත්‍ර නගරයට ආ ගමන් ම ඇමතිවරු ලවා විෂමලෝම කුමාරයාව සිරගත කළා. සාර මාසයක් ගත වුනා.

ඉතිං පුතේ, දවසක් රජ්ජුරුවෝ උණගස් මිටියක් ගෙන්නුවා. ඒ උණ බට ඇතුල සුද්ද කෙරෙව්වා. ඒවායේ අස්සට යකඩ ගල්ඉනි ඇතුල් කෙරුවා. පිටතට පෙනෙන්නේ උණගස් විතරයි. රාජ නියෝගය ආවා. "එම්බා කුමාරය, තොප මේ කඩුව ගනු. අර එකට බැඳ තිබෙන උණ බට මිට වහා සතර අඟලට කපා දැමිය යුතුයි. නැත්නම් තොපගේ අවසානය යි."

"අනේ දේවයන් වහන්ස, මං දැන් සිරගෙදර හාරමාසයක් ම කෑමක් නැතිව ඉන්නේ. අනේ මට ආහාර ටිකක් දුන මැනවි. එසේ වුනොත් මේ උණදඬු මිටිය මං සුළු මොහොතකින් කපා දමන්නම්."

"නෑ... නෑ... තට ආහාර නම් නැත. තා කළ යුත්තේ මේ උණදඬු මිටිය කැපීම පමණයි."

"අයියෝ... දේවයන් වහන්ස, එහෙනම් අඩුගණනේ... අර පොකුණට බැස පැන් ටිකක් බොන්ට අවසර දුන මැනව."

"හා... එහෙනම් පැන් බී වර" එතකොට යුදභටයෝ කුමාරයාව පොකුණට කැඳවාගෙන ගියා. කුමාරයා පොකුණට බැස්සා. හිස සෝධා නාගත්තා. දිය යට කිමිද බඩ පුරා මඩ කෑවා. පැන් බීවා. පොකුණෙන් ගොඩට ආවා. කඩුව අතට ගත්තා. විදුලියක් වගේ හිස වටා කැරකෙව්වා. මහජනයා පුදුමයෙන් බලා සිටිද්දී ගුරුළු පැටියෙක් වගේ අසූ අට රියනක් අහසට පැන නැංගා. හැට රියනක් උසට තිබුණු උණදඬු මිටිය වේගයෙන් සතර අඟලට කපාගෙන කපාගෙන පහළට එද්දී ගල්ඉනි හිරවී ඇති තැනේදී 'ක්‍රීං' හඬ දී කඩුව නැවතුනා. ඇතුලේ ගල්ඉනි ඇති බව තේරුම් ගත් කුමාරයා කඩුව බිම දමා හඬන්ට පටන් ගත්තා.

"ඇයි තොප හඬන්නේ?" කියා රාජපුරුෂයෝ ඇසුවා. "එම්බා මිනිසුනි, මෙතැන මට හිතවත් කවුරුවත් නෑ. මට වේලාසනින් කිව්වා නම් උණදඬු අස්සේ යකඩ ඉනි දමා තියෙනවා කියලා මං අඟලේ කෑලිවලට කපා දාන්නේ."

විෂමලෝම කුමාරයාගේ ඉවසීමත්, කෝප නොවීමත්, පුරුෂ පරාක්‍රමයත් දුටු ධර්මාශෝක රජ්ජුරුවෝ හොඳට ම පැහැදුනා. එදා ම යුවරාජ තනතුර දුන්නා.

දැක්කා නේද පුතේ. කයේ හයියවත් සිතේ හයියවත් අපට ඕනෑ හැටියට ගන්ට බෑ. මෙහෙමයි පුතේ...

විෂමලෝම කුමාරයාට තිබුණේ උපන්න ජාතියේ, උපන්න කුලයේ, උපන්න පලාතේ තිබුණු ශක්තියක් නොවේ. දුෂ්චරිතයෙන් උපදවාගත් බලයකුත් නොවෙයි. බොරුවෙන්, වංචාවෙන්, පාවාදීමෙන් උපදවාගත් බලයකුත් නොවෙයි. කාශ්‍යප බුදුරජාණන් වහන්සේගේ

කාලයේ සංඝයා උදෙසා දන්පිදූ පින් බලයත්, තමන් විසින් ආරක්ෂා කරගත් ගුණධර්මවල බලයත් පුතේ.

යුවරාජ පදවියට පත් වුනාට පස්සේ විෂමලෝම යුවරාජයා අපගේ මොග්ගලීපුත්තතිස්ස මහරහතන් වහන්සේ ප්‍රධාන භික්ෂු සංඝයාට මහත් ආදරයෙන් උපස්ථාන කළා. බොහෝ පිං රැස්කරගත්තා. මරණින් මතු දෙව්ලොව උපන්නා.

12

ආච්චි එදා භාවනා කරලා නැගිට්ටා විතරයි. මං මේ බලා සිටියේ ආච්චි එදා මට කියපු කාරණාවක් ගැන අහන්ට යි.

"ආච්චියේ, ඔයා මට කීවා නේද තව්තිසා දෙවියෝ සෑම පෝය දවසක ම රැස් වෙනවාය කියලා?"

"ඔව් පුතේ... සෑම පෝයක ම දේවසභාව රැස්වෙනවා."

"අනේ ආච්චියේ... මං හරි ආසයි ඒ විස්තරේ අසන්ට."

"ඒ මෙහෙමයි පුතේ.... තව්තිසාවේ තියෙනවා 'සුධර්මා' කියලා විශාල ශාලාවක්. ඒ ශාලාවට 'සුධර්මා' යන නම ලැබුනේ අපේ සක්දෙවිඳු මිනිස් ලෝකේ ඉන්නැද්දි වෙච්චි දෙයක් නිසා. 'මඝ' තරුණයාගේ එක බිරිඳක් සිටියා. ඇගේ නම 'සුධර්මා'. ඉතින් ඈ මඝ තරුණයා සාලාව හදද්දී කැණිමඬල පූජා කොරලා කියා සිටියා එයැයිගේ නම දාන්ට කියලා. ඒ පින නිසා ඈත් දෙව්ලොව උපන්නා. දෙව්ලොවෙත් පහළ වූ සාලාවට ඒ නම වැටුනා. හප්පා... මයෙ පුතේ ඒක හරි පුදුම සාලාවක්.

ඒ කියන්නේ බිම පළිඟු ගල් අතුරලා, මැණික් වැට, රන් කණු, කණු පාමුල රිදී කැටයම්, පළිඟු රූප,

සත්රුවන් පරාල, රුවන් දොරටු, ඉන්ද්‍රනීල මාණික්‍ය උළු, රන් කොත්, දිග පළල යොදුන් තුන්සියයක්. වටේ යොදුන් නවසියයක වේදිකාව. උස යොදුන් පන්සීයක්.

ඉතිං පුතේ ඒ සාලාවේ සතර දිසාවේ තියෙන්නේ සතර වරම් දෙව්රජුන්ගේ ආසන. කෝටි ලක්ෂයක් ගාන්ධර්ව දිව්‍ය සේනාව පිරිවරාගෙන ධතරාෂ්ට්‍ර දෙව්රජු ඇවිත් නැගෙනහිර පැත්තේ තියෙන ආසනේ වාඩිවෙන්නේ බටහිර බලාගෙන.

කෝටි ලක්ෂයක් කුම්භාණ්ඩ දේවතාවරු පිරිවරාගෙන ඇවිත් විරූඪක දෙව්රජු උතුරු දිග බලාන දකුණු පැත්තේ තියෙන ආසනේ වාඩිවෙනවා.

කෝටි ලක්ෂයක් නාග දේවතාවෝ පිරිවරාගෙන විරූපාක්ෂ දෙව්රජු ඇවිත් බටහිර පැත්තේ ආසනේ වාඩිවෙන්නේ නැගෙනහිර දිග බලාගෙන.

කෝටි ලක්ෂයක් යක්ෂ දේවතාවෝ පිරිවරාගෙන වෛශ්‍රවණ දෙව්රජු ඇවිත් උතුරු පැත්තේ ආසනේ වාඩිවෙන්නේ දකුණු දිග බලාගෙන.

මැද තියෙන්නේ අපේ දෙව් මහරජුන්ගේ ආසනය. උන්නාන්සේ තව්තිසා ලෝකයේ තෙතිස් දෙවියන් පිරිවරාගෙන තිස්තුන් කෝටියක දෙව්පිරිස සමගින් ඇවිත් අසුන් ගන්නවා.

ඉතිං පුතේ ඒ පිරිවර දෙවිවරු එන්නේ පරසතු මල්, මදාරා මල් මිටි අතින් අරගෙනයි. ඒවායේ සුවඳ පන්සිය යොදුනක් පුරා පැතිරෙනවා.

පුතේ... වස් කාලෙට පුතේ තව්තිසා දෙව්ලොව

තවමත් වස් තුන් මාසෙ ම උපෝසථ සිල් සමාදන් වෙනවා. ඒ කාලේ අපගේ සක් දෙව් මහා රජ්ජුරුවෝ සිල් මුදවන්ට එන්නේ පුවඟු දිවයින මහා විහාරයටයි. අනිත් දෙවිවරු ඒ ඒ තැන්වල වැඩ ඉන්න රහතුන් වහන්සේලා ළඟට ගොහින් සිල් මුදාගන්නවා.

"අනේ ආච්චියේ, පරසතු මදාරා වගේම තවත් මල් ජාති එහෙ තියෙනවාද?"

"ඇයි පුතේ... කොබෝලීල මල්. ඒවාත් එහෙ තියෙනවා. පුතේ... ඔය දිව්‍ය මල් පිපුණාම යොදුන් සිය ගණන් සුවඳ හමා යනවා. දෙවිවරුන්ගේ උත්සව කාලේ එන්නේ එතකොටයි. අපට වගේ කෙකි බැඳගෙන මල් කඩන්ට යන්ට නෑ. එතැනට ගිය ගමන් සුළං හමනවා. දෙවිවරු ගී ගයමින් මල් දිහා බලා ඉන්නවා. එතකොට මල් නටුවෙන් ගිලිහෙනවා. තව සුළඟක් හමා ඇවිත් ඒ මල් වැටෙන්ට නොදී පිළිගන්නවා. තව සුළඟක් ඇවිත් ඒ මල් 'සුධර්මා' දිව්‍ය ශාලාවට පාකරගෙන යනවා. ඊට කලින් තව සුළඟක් ඇවිත් 'සුධර්මා' ශාලාවේ තියෙන පරමල් ඉවත් කරගෙන පිරිසිදු කරගෙන යනවා. අලුත් සුවඳ මල් සාලාවට ඇතුල් වුනාම තව සුළඟක් ඇවිත් මල් සොලවනවා. එතකොට මල් රේණු හෙමින් හෙමින් ශාලාව පුරා පැතිරෙනවා. ඒ ශාලාවේ හරි මැද තියෙන්නේ ධර්මාසනයක්. ඒක යොදුනක විතර ප්‍රමාණයේ රුවන් ආසනයක්. ඒ ආසනයට මෙහා පැත්තෙන් තමයි සක් දෙවිඳුගේ ආසනය තියෙන්නේ. අනිත් දෙවිවරුන්ගේ ආසනවලට තියෙන්නේ මල් කෙමි.

ඉතිං පුතේ දෙවිවරු දෙව් සභාවේ අසුන් ගත් ගමන් අහසේ පාවෙන මල්වලින් වැටෙන රේණුවලින්

දෙවිවරුන්ව පාට පාට වෙනවා. මල් උස්සවේ මාස හතරක් තියෙනවා.

ඒ වගේම පුතේ තව්තිසාවේ මාසයකට අට දවසක මහා ධර්ම සභාවක් පැවැත්වෙනවා. ඒ ධර්ම සභාවේදී සනංකුමාර බ්‍රහ්මරාජයා බණ කියනවා. එහෙමත් නැත්නම් මහා බ්‍රහ්මරාජයා බණ කියනවා. එහෙමත් නැත්නම් සක්දෙවිඳු බණ කියනවා. එහෙමත් නැත්නම් මිනිස් ලොවින් තව්තිසාවට වැඩිය ඉර්ධිමත් භික්ෂුවක් බණ කියනවා.

ඒ වගේම සෑම පුරපක්ෂයක හෝ අවපක්ෂයක අටවෙනිදා සතර වරම් දෙවිවරු මනුලොව බලනවා. පොළෝ තලේ හොඳින් විමසා බලනවා. යම් ගැහැණියක් හෝ පිරිමියෙක් හෝ අවංකව ම බුද්ධ රත්නය සරණ ගොහින් නම්, අවංකව ම ධර්ම රත්නය සරණ ගොහින් නම්, අවංකව ම සංඝ රත්නය සරණ ගොහින් නම්, ඒ වග රන්පොතේ ලියාගන්නවා. පන්සිල් රකිනවා නම් ඒවාත් ලියාගන්නවා. අට්ඨාංග උපෝසථ සිල් ගන්නවා නම් ඒවාත් ලියාගන්නවා. මව්පිය උපස්ථානය, ගුරුවරුන්ට උපස්ථානය, වැඩිහිටියන්ට සැලකීම, දානාදී පිං කිරීමත් ලියාගන්නවා. ස්ථූප වන්දනා පූජා ආදියත් ලියාගන්නවා.

දෙවිවරු ඒ ලියූ රන්පොත පංචසිඛ දිව්‍ය පුත්‍රයාගේ අතට දෙනවා. එතකොට පුතේ පංචසිඛ දිව්‍ය පුත්‍රයා ඒ පොත මාතලී දේවපුත්‍රයාට දෙනවා. මාතලී දෙව්පුතු තමයි රන්පොත අපේ සක්දෙව් මහරජුට දෙන්නේ. එතකොට පුතේ තෙරුවන් සරණේ පිහිටා පින්දහම් කරන මිනිස්සු වැඩි කාලෙට රන්පොත ලොකුයි. එතකොට දෙවියන්ට හරිම සතුටුයි.

"හ... හා... හා... අගෙයි අගෙයි
අපගේ දෙව් ලොව පිරෙයි පිරෙයි
සත්පුරුෂයන්ගෙන් අපේ ලොව පිරෙයි
හ... හා... හා... අගෙයි අගෙයි
අසුර ලෝකෙ පිරිහී යයි"

කිය කියා දෙවිවරු උදම් අනනවා. නමුත් පුතේ තිසරණයේ නොපිහිටා නැකැත් කේන්දර පස්සේ ගිහින්, යකුන් යකිනියන්ගෙන් පිහිට ඉල්ල ඉල්ලා දුවන කාලෙට මිනිස්සුන්ගේ ගුණධර්ම නැතිවෙනවා. ඒ කාලෙට රන්පොත ඉතාම කුඩයි. දෙව්ලොවට මනුලොවින් යන්නේ නැති ගානයි. ඒ කාලෙට අලුත් දෙවිවරු නැති නිසා දෙවිවරු දුක් වෙනවා.

"අනේ අපොයි දෙව් ලොව හිස් වී යනවා
අසුර ලොවේ අදමිටුවෝ උපදිනවා
පවින් පිරුණු අය ලොව බලවත් වෙනවා
අනේ මිනිස් ලොව තව පිරිහී යනවා"

ඔහොම කියමින් දුක් වෙනවා. එතකොට දෙවිවරු මනුලොව උපදින්ට භයයි. එයාලා උත්සාහ කරන්නේ දෙව්ලොවදී ම චතුරාර්ය සත්‍ය අවබෝධ කරන්ටයි.

මේ කාලේ පුතේ, අපටත් දෙව්ලොව උපදින්ට ඇහැක් වුනොත් හොඳා නේද මයෙ පුතේ.

13

"පුතේ... මෙහෙ එන්ට" කියා එදා ආච්චි මට කතා කළා. මාත් ඉතින් ආච්චි ළඟට ගිහින් වාඩිවුණා.

"පුතේ... මට කරුණක් ආරංචි වුණා. බලන්ට පුතේ... අර සිසිලියා නැන්දා.... ඔයා දන්නවා නේ කජුගෙදර වත්තේ නැන්දා..."

"ඔව්.... ආච්චි... සිසිලියා නැන්දාට මොකද වුණේ?"

"මොකද වුණේ...? ආං.... උන්දෑ හොඳටෝම අසරණ වෙලා. දරුවෝ කවුරුවත් බලන්ට එන්නෑ. වැඩක් පලක් කර දෙන්ට කෙනෙක් නෑ. වත්තේ ආදායං අරං යන්ට නං එනවා ඇති... අනේ... පුතේ... මට දුක... මට හඬ හඬා දුක කීවා. ළමයින්ට උගන්නන්ට මහන්සි ගත්තු හැටි කීවා... ෂිහ්.... කෙළෙහිගුණ නැති දරුවෝ..."

"මේ කාලේ ආච්චි ගොඩාක් අයට කෙළෙහිගුණ නෑ කියලා අපිට ස්වාමීන් වහන්සේත් කීවා"

"ඔව් පුතේ... හැබැයි මිනිස්සුන්ට වඩා බල්ලන් ළඟ කෙළෙහිගුණේ තියෙනවා කියා හිතෙන කතාවක් මතක් වුණා පුතේ."

"අනේ ආච්චියේ... මොකක්ද ඒ කතාව? මාත් ආසයි ඒ කතාව අහන්ට."

"පුතේ, මේක දඹදිව වුණේ. ඒ කියන්නේ ඉන්දියාවේ. ඉතිං පුතේ... ඉන්දියාවේ චන්ද්‍රභාගා කියන ගඟ අසබඩ 'හෝම' කියාලා බ්‍රාහ්මණ ගමක් තිබුණා. ඔය ගමේ 'මරුත්ත' කියලා බ්‍රාහ්මණයෙක් උන්නා. දවසක් උන්දෑ වෙළඳාමේ ගියා තක්සිලාවට. ගොහින් ආපසු එනිං ගමන රාත්තිරි අම්බලමක නැවතුනා. ඔය අම්බලමේ කුෂ්ට රෝගයක් හැදිලා මවිල් ඔක්කෝම ගැලවුණු බල්ලෙක් අසරණ වෙලා කෙදිරි ගගා ගුලි ගැහිලා හිටියා. මේ බල්ලා දැක්කාට පස්සේ මරුත්ත බ්‍රාහ්මණයාට හරී දුකයි පුතේ.

'මේ බල්ලාට පිහිට වෙන්ට ඕනෑ' කියලා හිතපු බ්‍රාහ්මණයා ඖෂධ වර්ග සොයාන ඒවායේ ඉස්ම ඇන්න මෝරුත් එක්ක කලවම් කොරලා හිටං අර බල්ලාට පෙව්වා. ඒ බෙහෙත හරි ගියා. බල්ලාගේ කුෂ්ට රෝගේ සුව වෙන්ට පටන් ගත්තා. බ්‍රාහ්මණයාත් ටික දොහක් අම්බලමේ නැවතිලා ඉන්නැද්දි දිගට ම බෙහෙත දුන්නා. බලාන ඉන්නැද්දි බල්ලා සනීප වුණා. දැන් බල්ලා වෙන කොහේවත් යන්නෙ නෑ මුන්දැගේ පස්සෙ ම යි. බ්‍රාහ්මණයා ආයෙමත් හෝම ගමට යද්දි බල්ලත් උන්දෑ පස්සේ ම ගියා.

ඉතිං පුතේ.... දැන් බල්ලා වාසය කරන්නේ මරුත්ත බ්‍රාහ්මණයාගේ ගෙදර. ඒ බ්‍රාහ්මණයාගේ බිරිඳට දරුවෙක් ලැබෙන්ට උන්නා. දරුවා බිහිවෙන අවස්ථාවේ මව්කුසේ ම මැරිලා හරස් අතට හිර වුණා පුතේ. හපොයි.... මේ සංසාරේ හැටි.... දැන් අම්මාටත් අමාරුයි. හණිකට වෙද්දු ගෙන්නුවා. අර මව් කුසේ මැරිච්චි දරුවා සැත් කටුවෙන් කඩ කඩා කැබලි කොරලා එළියට ගත්තා. මේක බලා සිටිය බමුණාට ගිහි ජීවිතේ එපා ම වුණා. අම්මා සනීප

වුණාට පස්සේ ගිහි ජීවිතේ අත්හැරියා. වනේට ගොහිං තාපසයෙක් වුණා. කුටියක වාසය කළා.

ටික දවසක් ගියාට පස්සේ පුතේ, අර බිරිඳ වෙන පුරුෂයෙක් එක්ක හාද වෙලා පවුල් කන්ට පටන් ගත්තා. දවසක් ඒ ස්ත්‍රිය අර පුරුෂයාට මෙහෙම කීවා "හනේ ස්වාමී.... බලන්ට මයෙ මිනිහා මාව තනි කොරලා හිටං මහණ වෙන්ට ගිය හැටි. හප්පා.... නිදකිං.... මෙහෙම මිනිස්සු.... ඔය මිනිහාගේ මහණකොම සපල වෙන්ට එපා.... ඔහොම ඉන්නවා දකින්ටවත් මං කැමැති නෑ."

"ඔයා කැමති ඒ මිනිහා කොහොම ඉන්නවා දකින්ට ද?"

"කොහොමවත් යහතිං ඉන්නවා දකින්ට මං කැමැති නෑ."

"ඒ කියන්නේ ඔයැයි කැමති ඒ මිනිහා මැරෙනවා දකින්ට ද?"

"මේකනේ අනේ.... ඒකා ව නිකාම් ම මැරෙනවා දකින්ට කැමැති වුණාට එහෙම දකින්ට ලැබේයැ. ආං ඔහේ ගොහින් මරා දැවොත් නං මට පාඩුවේ නිවී සැනසිල්ලේ ඉන්ට ඇහැකි."

"ඇත්තට ම ද අනේ ඔයා කියන්නේ?"

"හෝ... මේං... ඔයැයි හිතුවේ මං බොරු දොඩනවයි කියාලා ද? නෑ... අනේ.... ඉහ්... ඉහි... මයෙ අසරණකම ගණනකට ගන්නැතිව මාව දාලා ගිය ඔය මිනිහා පණ පිටින් ඉන්නවා දකින්ට මං නං කැමැති නෑ... අනේ මයෙ දෙයියෝ... ඕකාව හණික කම්මුතු කොරලා දාන්ට."

පුතේ, හරි වැඩක් නොවැ ඊට පස්සේ උනේ. ඒ ගෙදර අර බල්ලා උන්නා. ඌ හොඳට අසාගෙන හිටිය දෙන්නාගේ කුමන්ත්‍රණේ. එදා පටන් බල්ලා ඒ ගෙදර නැවතුනේ නෑ. කෙළින් ම තාපසින්නාන්සේගේ කුටියට ගියා. තාපසින්නාන්සේ ව ආරස්සා කොරං ගන්ට ඕනෑ ම යි කියා හිතට ගත්තා.

ඉතිං පුතේ දවසද්දා අර පුරුෂයා ස්ත්‍රියගේ උසිගැන්නීම නිසා දුනු ඊතලත් ඇන්න තාපසයා මරන්ට හිතාන වනේට ගියා. එදා තාපසයෝ එලවැල නෙළන්ට වනේ ඇතුළට ගොහිං. කුටියේ දොරකඩ හිටියේ බල්ලා. තාපසයන් එලවැල ඇන්න එන පාරේ අර පුරුෂයා දුනු ඊතල ලෑස්ති කොරාන ඉන්නවා බල්ලා දැක්කා.

දැකලා හිටං බල්ලා හොරෙන් ම ගිහිං දුන්නේ ලණුව කැපුවා. බල්ලා එළවා ගත් මිනිසා ආයෙමත් දුන්නට ලණුව දමා ගැටගැසුවා. එතකොට බල්ලා ඉදිරියට පැනලා ආයෙමත් දුන්නේ ලණු කැපුවා. එතකොට මිනිහා දුන්නත් අරං එතනින් ගියා. බල්ලා පස්සෙන් ගියා. බල්ලාට තේරුනා අද නං තමන්ගේ ස්වාමියා ව මරන්ට ම යි මේකා යන්නේ කියලා. බල්ලාගේ හිතේ වාවාගන්ට බැරි ශෝක දුකක් හටගත්තා. ඌ පැනපු ගමන් අර මිනිහාගේ දෙපා හපාගෙන හපාගෙන ගියා. මිනිහා වැටුනා. එතකොට මුහුණට පැනලා හපන්ට පටන් ගත්තා. මිනිහා අසරණව වැටිලා හිටියා. බල්ලා තාපසයින්ට ඇහෙන්ට හයියෙන් බුර බුරා හිටියා.

තාපසයාට ඈත තියා බල්ලා කෑගසනවා ඇහිලා ඉක්මනින් ආවා. තමාව මරන්ට දුනු ඊතල ඇන්න ආ මිනිසා හොඳට ම අසරණව තුවාල වෙලා වැටී ඉන්නා

හැටි දැක්කා. තාපසයා ඉක්මනින් ම ඔහුව නැගිටුවා කුටියට ගෙනිච්චා. ඖෂධ කොළ කොටා ඉස්ම පොවා බෙහෙත් ගල්වා ඔහුට උපස්ථාන කොට සුවපත් කළා. ඔහු නැවත එවැනි දෙයක් කරන්ට එන්නේ නැත කියා පිං දී පිටත් වෙලා ගියා.

තාපසයාට තවත් කලකිරීම වැඩි වුණා. කසිණ භාවනා කොරලා ධ්‍යාන අභිඤ්ඤා උපදවාගෙන මරණින් මත්තේ බඹලොව උපන්නා.

බලන්ට පුතේ... බල්ලා කෙළෙහිගුණය දැක්වූ හැටි. ඒ වගේම නේ පුතේ තාපසයාත් එයැයිව මරන්ට ආපු සොරා ව සුවපත් කොරලා පිටත් කරවන්ට කොයිතරම් මෛත්‍රියෙන් වාසය කොරලා ද! ඒ නිසා පුතේ අපි කොහොම හිටියත් අපට සැබෑම යහපත සැලසෙන්නේ මේ ගුණධර්ම නිසා ම යි. ගුණධර්ම නැතිව මොනවා තිබුණත් එලක් නෑ පුතේ...."

14

"අනේ පුතේ, මං කල්පනා කොළේ එදා කොසොල් රජ්ජුරුවන්නේ බිසොව, මල්ලිකා දේවී දානෙ ප්‍රශ්නෙ විසඳූ අපූරුව."

"මොකක්ද ආච්චියේ ඒ දානෙ ප්‍රශ්නෙ?"

"ඇයි පුතා දන්නෙ නැතෙයි, අසදෘශ මහා දානයක් කොසොල් රජ්ජුරුවෝ දුන්නා නොවැ."

"අනේ මං අහලා තියෙනවා. ඒ උනාට 'අසදෘශ' යන වචනේ තේරුම දන්නෑ."

"පුතේ... 'අසදෘශ' කියන්නේ කිසිවකට සමාන නැති කියන එක. 'අසදෘශ මහා දානය' කියන්නේ 'කිසි දානයකට සම කොරන්ට බැරි දානය' කියන එක."

"අනේ ආච්චි, කොහොමෙයි කොසොල් රජ්ජුරුවෝ ඒ දානෙ දුන්නේ?"

"මෙහෙමයි පුතේ ඒක වුණේ. එක් කාලෙක අපගේ භාග්‍යවතුන් වහන්සේ ජනපද චාරිකාවේ වැඩලා සැවැත්නුවරට වැඩියා. එතකොට කොසොල් රජ්ජුරුවෝ රජගෙදර දානයක් සංවිධානය කොරලා බුද්ධ ප්‍රමුඛ සංඝයා වඩමවා දානෙ දුන්නා. ඊට පස්සේ නගරවාසීන් එකතුවෙලා ඊටත් වඩා ජයට දානෙ සංවිධානය කරලා

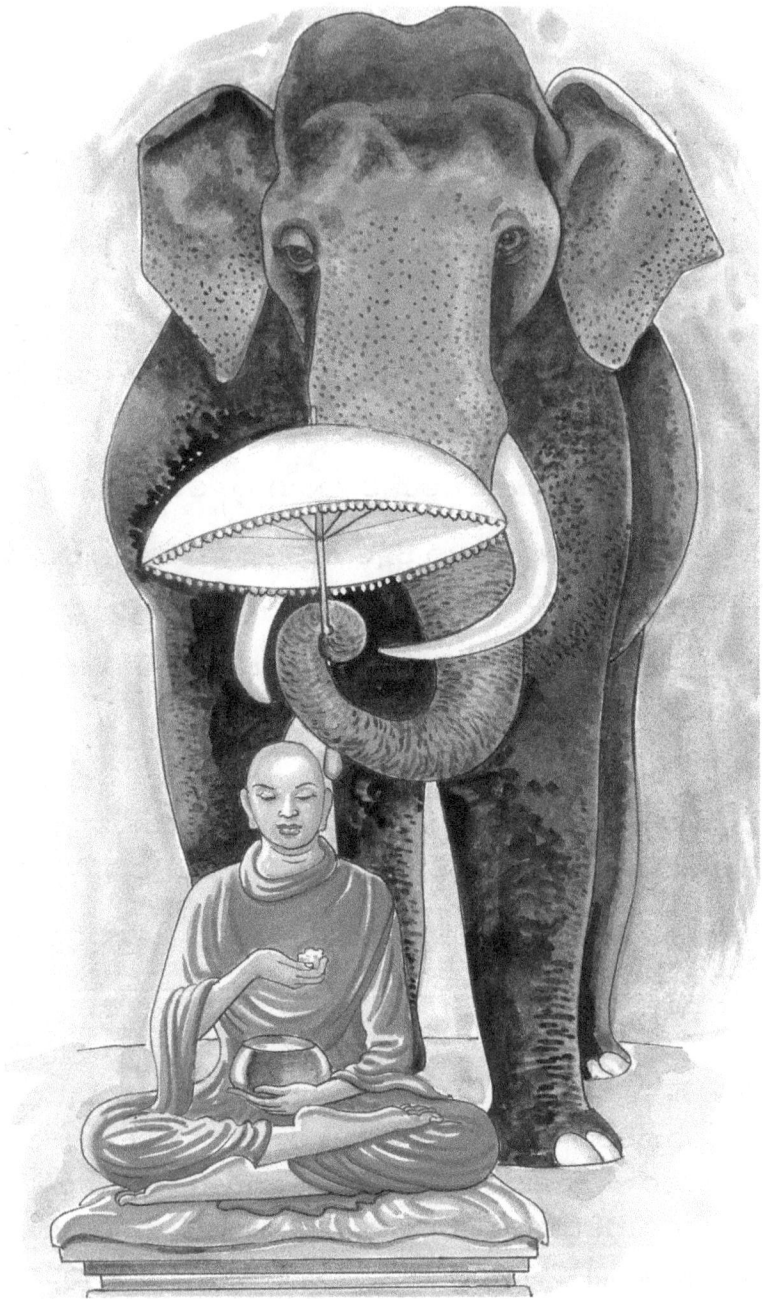

දානෙ දුන්නා. රජ්ජුරුවන්ට මේක ආරංචි වුණා. "හෑ.... එහෙම කොහොමෙයි කරන්නේ. මං නොවැ රජා... මගේ දානෙ නොවැ ජයට ම තියෙන්න ඕනැ ඒ?" කියලා පසුවදා රජගෙදරට වඩම්මලා නගරවාසීන් දුන්නාට වඩා ජයට දානෙ පූජා කර ගත්තා. නගරවාසීන් දානෙ බලන්ට ආවා. 'හහ්... අපේ රජ්ජුරුවෝ හිතාන ඉන්නේ එයැයිට විතරයි ඔහොම දානෙ දෙන්ට ඇහැක කියා. ඔයිට වඩා හොඳ අපූරුවට දන් පැන් පුදන්ට අපටත් පුළුවනි' කියා ඊටත් වඩා සරුවට දන් පූජා කළා.

ඉතිං පුතේ... මේ දන් පූජා කිරිල්ලෙදි රජ්ජුරුවෝ පරදිනවා. නගරවාසීන් දිනිනවා. කොසොල් රජ්ජුරුවෝ මේ ගැන මහා කණස්සල්ලෙන් හිටියා. මල්ලිකා දේවී හරි නුවණක්කාරි නොවැ පුතේ. ඈ ඇවිත් රජ්ජුරුවන්ගෙන් ඇහැව්වා. "ඕ... මොකෝ දේවයන් වහන්ස, මේ... මහා කණගාටුවෙන් වගේ... මූණත් තඩිස්සි වෙලා."

"මූණ තඩිස්සි නොවී තියේ යැ දේවී... බලාපන්කෝ මේ නගරවාසීන්ට වෙච්චි දේ. උන් තරගෙට ආවේ මාත් එක්ක නොවැ. හැම දානෙදි ම උන් දිනුම්.... මං පරාදයි! හහ්...."

"නෑ... දේවයෙනි... එහෙම කොහොමෙයි. ඔයැයි කෝසලාධීශ්වර. ඔයැයිට ඇහැක් විදිහට දන් දෙන්ට ඔය කාටවත් බෑ."

"හෝ... හෝ... ඒ කොහොමෙයි?"

"දේවයෙනි.... මං කියන්නං කරමේ... මේ මං කියන පැලැෑනෙට දානෙ දුන්නොත් ආයෙ ඉතිං නගරවාසීන්

ඇවිත් ඇස්ගෙඩි ලොකු කොරාන, කට බලියාගෙන බලා සිටීවි...එච්චරයි!"

"හොහ්... හොහ්.... හරි අගෙයි. ඉතිං කියන්ටකෝ අනේ."

"මෙහෙමයි... දේවයිනි.... රාජාංගනේ මැද සල්කළණ ලීයෙන් මණ්ඩප පන්සීයක් කරවන්ට ඕනෑ. ඒ මණ්ඩප බිම නිල් මහනෙල් අතුරන්ට ඕනෑ. ඒ මත කසීසළු එලූ ආසන පනවන්ට ඕනෑ. එක එක ඇතා ව ලාස්සනට සරසාලා හිටං ඒ ඇත්තුන්නේ හොඬට සුදු කුඩයක් දීලා හිටං එක එක මණ්ඩපය අයිනේ හිටවන්ට ඕනෑ. එතකොට ඒ ඡත්‍රයෙන් තමයි උන්නාන්සේලාට හෙවණ ලැබෙන්නේ හොඳේ.

ඊට පස්සේ.... හික්ෂූන් වහන්සේලා දෙනමක් අතර සර්වාලංකාරයෙන් සැරසුනු ක්ෂත්‍රිය කන්‍යාවෝ දෙන්නා බැගින් වාඩි කරවන්ට ඕනෑ. ඇලා එතැන කරන්නේ සිව් වර්ගයෙකින් යුතු සඳුන් කල්ක අඹරා එතැන මැද තියෙන සඳුන් ඔරුවට දැමීමයි. එතකොට එතැන වාඩි වුණු තව ක්ෂත්‍රිය කන්‍යාවක් නිල් මහනෙල් මල් මිටියකින් ඒ සඳුන් ඔරුවේ සුවඳ දිය කලවම් කරමින් ඉන්ට ඕනෑ හොඳේ.

සර්වාලංකාරයෙන් සැරසුණු තව ක්ෂත්‍රිය කන්‍යාවක් තල්වැටින් පවන් සලන්ට ඕනෑ. තව ක්ෂත්‍රිය කන්‍යාවක් පැන් පෙරාගෙන විත් පාත්‍රා ආදිය සෝදන්ට පැන් දමන්ට ඕනෑ හොඳේ.

ඒ වගේ ම අපගේ භාග්‍යවතුන් වහන්සේ වැඩ ඉන්න ආසනය, හේත්තුවෙන ලෑල්ල, පාපුටුව ආදී මේ සෑම එකක් ම සත්රුවන් කැටයමින් කරන්ට ඕනෑ

හොඳේ" මල්ලිකා දේවීගේ මේ සැලැස්ම අසා කොසොල් රජ්ජුරුවන්ට සතුටේ බෑ.

"හරි... හරි... මල්ලිකා... අපි මේ පින්කොම හැකි තාක් ජයට සංවිධාන කොරන්ට ඕනෑ ඕං..." කියලා රජ්ජුරුවෝ මේ මහා අසදෘශ දානය ලේස්ති කොළා.

එදා මයෙ පුතේ හරි වැඩක් උනා නොවැ... ඕං දානේ උස්සවේට සරසාපු ඇත්තු හාරසිය අනූනවයක් ම ගෙන්නුවා. දැං ඇත්තු සුදු කුඩ අල්ලාන අපූරුවට ඉන්නවා. දැන් සංඝයාත් වැඩලා. එදා දානෙට අන්තිමට වැඩලා උන්නේ අපගේ අංගුලිමාල මහරහතන් වහන්සේ. ඒ අන්තිම ආසනේට ඇතෙක් නෑ. රජ්ජුරුවෝ මේ වග මල්ලිකා දේවිට කීවා.

"හරි වැඩේ නොවැ මල්ලිකෝ.... පන්සියයට ගන්ට ඉන්න ඇතා හරීම දරුණු එකෙක්. අන්තිම ආසනේට යි ඕනෑ. නමුත් මේකාව මෙල්ල කොර ගන්ට බෑලු. දැන් මක්කෙයි කොරන්නේ?"

"දේවයන් වහන්ස, ඒ අන්තිම ආසනේ වැඩ ඉන්නේ කව්ද?"

"කව්ද ඉතින්... අර... අර... මේ... ළඟදි අපගේ භාග්‍යවතුන් වහන්සේ දමනය කොරලා හිටං මහණ කොළේ. ආං ඒ.... ඔව්... අපගේ අංගුලිමාල තෙරුන්නාන්සේ."

"ආ... එහෙනම් කමෙක් නෑ. එහෙනම් ඔය ඇතා හොඳා. බලෙන් හරි ඇන්න ඇවිත් උන්නාන්සේ ළඟින් හිටවන්ට. උන්නාන්සේගේ තෙද ඇතාත් දැනගනීවි නොවැ."

එතකොට පුතේ ඇත්ගොව්වෝ අර දරුණු ඇත්රජාව අමාරුවෙන් එක්කරගෙන ආවා. අපේ අංගුලිමාල මහරහතන් වහන්සේ ව දැක්කා විතරයි, ඇතා පොඩි දරුවෙක් වගේ උනා. කන් සෙලෙව්වේ නෑ. නගුට පිටිපස්සේ ගසාගත්තා. මුතු කුඩේ හොඬවැලට ඇන්න උන්නාන්සේ ළඟට ගොහින් 'මීක්' කියන්නැතිව.... එහෝම.... හිටියා.

පුතාට මතකෙයි, අපේ භාග්‍යවතුන් වහන්සේගේ ලලාට ධාතුන් වහන්සේ වැඩ ඉන්න සේරුවාවිල මංගල මහා චෛත්‍යරාජයාට මහා පලතුරු පූජාවක් කොළා. භාග්‍යවතුන් වහන්සේට කළ පූජාව දැක්ක ගමන් බුද්ධපුත්‍ර වේශයෙන් සිවුරු පොරවා ඉන්න හිස් පුද්ගලයන්ටත් සර්දා මාත්තරයක් නැති ගොබ්ලන්ටත් හොඳටෝම කේන්ති ගියා නොවැ. ඇති පදමට බණින්ට තියා ගත්තා. ඔච්චර මක්කට පූජා කොන්නවා ද? මිනිසුන්ට කන්ට දෙන්ට වටිනවා නොවැ" කිය කියා බැණලා අපාගත වෙන පව් රැස් කොර ගත්තා.

ආං ඒ වගේ මේ අසදෘශ මහා දානේ ගැනත් කොසොල් රජ්ජුරුවන් ළඟ හිටිය 'කාල' කියන ඇමැතියට හොඳටෝ ම කේන්ති ගියා. ඒකාට කටින් කියන්ට විදිහක් නෑ. හිතෙන් බණින්ට පටන් ගත්තා. 'හහ්... රටේ විසඳන්ට පුරස්න නැතිව ද මෙච්චර ධනය නාස්ති කොරන්නේ? මේ ධනයෙන් දුප්පත් ඇයොන්ට ගෙවල් හදා දෙන්ට තිබ්බා නොවැ. අපරාදේ මේ නිකාං ධනය නාස්ති කොන්නවා. මුන්දැලාට ඔය හැටි සලකන්ට ඕනයැ' කියලා හිත හිතා හිතෙන් බණින්ට පටන් ගත්තා.

එදා පුතේ... අපේ භාග්‍යවතුන් වහන්සේ දානයට

අනුමෝදනා හැටියට වදාළේ මේ ගාථාව විතරයි.

"න වේ කදරියා දේවලෝකං වජන්ති
බාලා හවේ නප්පසංසන්ති දානං
ධීරෝ ච දානං අනුමෝදමානෝ
තේනේව සෝ හෝති සුඛී පරත්ථා'ති.

ලෝභ කෙනා නම් සැබැවින් -
නැත දෙව්ලොව උපදින්නේ
ඒකාන්තයෙන් අසත්පුරුෂයා -
නැත දානය පසසන්නේ
නුවණැති සත්පුරුෂයා -
දානය අනුමෝදන් වන්නේ
පරලොව ගිය විට එනිසා ඔහු -
දෙව් සැපයට නිති පත්වන්නේ"

ඔය ගාථාව විතරක් වදාළ භාග්‍යවතුන් වහන්සේ සංඝයා සමග විහාරයට වැඩියා. කොසොල් රජ්ජුරුවන්ට හරි දුකයි. ඇයි කෝටි පනස්හතරක ධනය වියදම් කොරලා හරිම ආසාවෙන් දානෙ පූජා කොර ගත්තේ. මෙතරම් කෙටියෙන් අනුමෝදනා කොළේ මයෙ අතින් වරදක් වුණාවත් ද කියා සිතා හැන්දෑ ජාමේ භාග්‍යවතුන් වහන්සේව බැහැදකින්ට ගියා.

භාග්‍යවතුන් වහන්සේ මෙහෙම වදාළා. "මහරජ්ජුරුවෙනි, අද දානෙන් පස්සේ පුණ්‍යානුමෝදනා බණ කියන්ට තරම් එතන පිරිස පිරිසිදු නෑ. එතැන ඇමතිවරු දෙන්නෙක් උන්නා නොවැ. එයින් 'ජුන්හ' කියන ඇමතියා "හනේ රජෙක් ම මිසක් මෙහෙම දානයක් වෙන කවුරු නම් දෙයි ද! අපටත් මේ දානේ කොටස්කාරයෝ වෙන්ට ලැබුණා නොවැ. මොනතරම්

වාසනාවක් ද!" කිය කියා සතුටු වුණා. නමුත් 'කාල' කියන ඇමතියා හිතින් බැණ බැණ උන්නා. රජතුමනි, මං බණ කිව්වා නම් 'කාල' ඇමතියාගේ හිස ගැලවී වැටෙනවා. ඔහු කෙරෙහි අනුකම්පාවෙන් ධර්ම දේශනා නොකළේ" කියා වදාළා.

බලන්ට පුතේ... දානයට ගැරහීමේ භයානකකොම. එදා සේරුවාවිල මහසෑයට කොරාපු පලතුරු පූජාව භාග්‍යවතුන් වහන්සේ උදෙසා පිදූ දානයක්. භාග්‍යවතුන් වහන්සේගේ දානයට ගැරහූ අය සේරුවිලට ගොහින් මහාසෑය වන්දනා කොට සමාව නොගත්තෝතින් පරලොව දුගතිය තමයි.

15

එදා ආච්චියි මායි බෝධි වන්දනාවට ගියා. ආච්චි මහත් ආදරයෙන් බෝධීන් වහන්සේට වන්දනා කළා. ඊට පස්සේ ආච්චි කළේ මල් ආසනවල තිබූ පරමල් අස්කොට පැන් ගෙනැවිත් මලසුන් සේදීමයි. ඊට පස්සේ ආච්චි ඉතාම ලස්සනට බෝ මලුව ඇමදුවා.

"පුතේ... මෙහෙ එන්ට... ආං අර බලන්ට... කවුදෝ මෝඩ අම්මණ්ඩි කෙනෙක් බරපතල අකුසලයක් රැස් කරගෙන."

"කෝ... ඒ මොකක්ද ආච්චි.... ආං පුතේ... අර කොඩියක ලියලා තියෙන්නේ 'සුසිල් පුතාගේ අපල දුරුවේවා' කියලා. අර තව එකක් 'රංජනීගේ කේතු අපල දුරුවී රැකියාවක් ලැබේවා' කියලා. අනේ මයෙ පුතේ... ඕවා හෙමිහිට ගලවා වීසිකර දමන්ට."

"ඇයි ආච්චියේ එයාලා මේ වගේ දේවල් කොඩිවල ලියලා එල්ලන්නේ?"

"අන්ධබාල පෘථග්ජනකමනේ පුතේ. ත්‍රිවිධ රත්නය සරණ නොගිය ලාමක ගෑණු නොවැ. හොඳට පව් කරගෙන. පුතේ... ගෑණු අයට බෝධිපත්‍ර ස්පර්ශ කරන්ට කැප නෑ. බෝධීන් වහන්සේගේ අත්තක්වත් ස්පර්ශ කරන්ට කැප නෑ. අත තියන්ට කැප නෑ."

රාහු අපල දුරුවේවා
රාහු අපල දුරුවේවා
රාහු අපල දුරුවේවා.

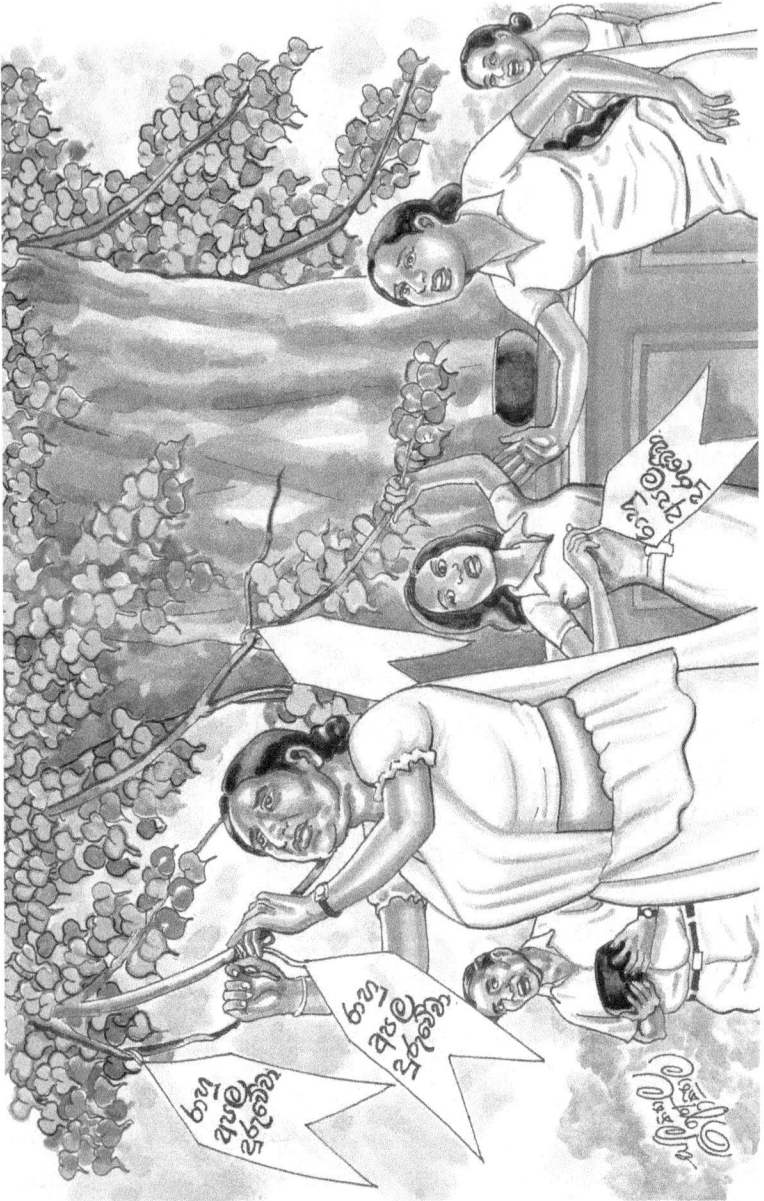

"එතකොට ආච්චි.... සංඝමිත්තා මෙහෙණින් වහන්සේ නොවැ බෝධීන් වහන්සේගේ දකුණු ශාඛාව ලංකාවට වැඩමුවේ. මං අසා තියෙන්නේ එහෙමයි."

"ඒක හරි පුතේ... ඔයා අසා ඇති විදිහ හරි. නමුත් පුතේ ඒ උත්තමාවී බෝධීන් වහන්සේ ස්පර්ශ කළේ නෑ.... පුතේ.... බෝධීන් වහන්සේ කියන්නේ අපගේ භාග්‍යවතුන් වහන්සේගේ ශ්‍රී සම්බුද්ධත්වය කියාපාන ජීවමාන සාක්ෂිය. සංඝමිත්තා තෙරණියෝ බෝධීන් වහන්සේව වැඩැම්මුවේ ජීවමාන ශාස්තෘන් වහන්සේ හැටියට සලකලයි.

පුතා දන්නවැයි... ඉස්සර රහතන් වහන්සේලාගේ යුගයේ කවරදාකවත් බෝමළුවට කුඩයක් ඉහලාගෙන ගොහින් නෑ. පාවහන් පැළඳගෙන ගොහින් නෑ. ඒකට දැන් බලන්ට එපායැ.... තිසරණ මාත්‍රයක් නැති ගෑණු මිසදිටු අන්ධ විශ්වාස කර තියාන ඇවිත් බෝ අත්ත උඩ පැනලා අල්ලාගෙන කොඩි ගැටගහලා අතාරිනවා."

"ඇයි ආච්චි එයාලා ඒක පව් කියලා දන්නේ නැත්තේ?"

"මේකනේ පුතේ... ගෑණු ධර්මය ඉගෙන ගන්නෙ නෑ. කෙළවරක් නැතිව නැකත් පස්සේ, කේන්දර පස්සේ, දේවාල පස්සේ, අපල පස්සේ දුවනවා. ගෑණු තමයි ඉක්මනින් ම මිසදිටු ගන්නේ. ගෑණු තමා ඉක්මනින් නොමග යන්නේ.

පුතේ... ඔයැයි දන්නවාද 'බෝධිය' කියන වචනයේ අරුත?"

"අනේ මට කියාදෙන්ට ආච්චියේ."

"පුතේ 'බෝධිය' කියන්නේ චතුරාර්ය සත්‍යාවබෝධයට යි. අපේ භාග්‍යවතුන් වහන්සේ යම් රුක් සෙවනක වැඩ හිඳ චතුරාර්ය සත්‍ය ධර්මය කාගේවත් උදව්වක් නැතිව අවබෝධ කළා ද, එදායින් පස්සේ තමයි ඒ වෘක්ෂයටත් 'බෝධිය' කියා කියන්නේ. අපගේ භාග්‍යවතුන් වහන්සේ වෙනුවෙන් ම යි, උන්වහන්සේ උපන් දවසේ ම යි බෝධීන් වහන්සේ පහළ වුනේ. මේ බෝධීන් වහන්සේ තමයි පුතේ අපේ භාග්‍යවතුන් වහන්සේගේ ජය වෘක්ෂය. ඒ නිසයි මෙයට 'ජය ශ්‍රී මහා බෝධිය' කියා කියන්නේ."

"එතකොට ආච්චි බෝධියට වන්දනා කිරීමෙන් අපට ගොඩාක් පින් සිද්ධ වෙනවාද?"

"ඔව් මයෙ පුතේ... බෝධීන් වහන්සේට වන්දනා කොට, බෝධීන් වහන්සේ අරමුණු කොට අප භාග්‍යවතුන් වහන්සේගේ ගුණ සිහිකොට, බෝධීන් වහන්සේට ආදර ගෞරව පූජෝපහාර පවත්වා දෙව්ලොව ගිය පිරිස ගණන් කරන්ට බැරි තරම්.

ඒ විතරක් යැ පුතේ, අපේ රටට බෝධීන් වහන්සේ වැඩමවූවාට පස්සේ දඹකොළ පටුනේ හිටං අනුරාධපුරේ රජමැඳුර දක්වා ම යොදුනක් ගානේ පූජෝපහාර පැවැත්තුවා. බෝධීන් වහන්සේ රජ මැඳුරේ මිදුලේ වඩා හිඳුවා රෝපණය කළ දවසේ අපේ දෙවනපෑතිස් රජ්ජුරුවෝ රජකොම බෝධීන් වහන්සේට භාර කොළා. තමුන් දොරටුපාල වෙස් ඇන්න සතියක් ම බෝධියට ආරස්සා මුර පූජාව පැවැත්තුවා.

මේ කාලේ ලාමක ගෑණු බල්ලෝ කපුටෝ කොඩිවල ඇඳලා අපල දුරුවේවා කියලා බෝධියේ එල්ලා ඇතිපදං

නිගරු කරනවා.

පුතේ... බෝධි පූජාව මේං මෙහෙම කරන්ට. ඉස්සෙල්ලා ම අද මං කොළා වාගේ මලසුන් ගෙවල්වල පරමල් අස් කොරන්ට ඕනෑ. ඊට පස්සේ මලසුන් සෝදන්ට ඕනෑ. ඊට පස්සේ මළුව අමදින්ට ඕනෑ. ඊට පස්සේ තමුන් කැමති නම් බෝධීන් වහන්සේව පැන් කළයෙන් පැන් පහසු කොරවන්ට ඕනෑ. ඊට පස්සේ මල් මාලා ඇත්නම් පිරිමි දරුවන් ලවා පළඳවන්ට ඕනෑ. ඊට පස්සේ මල් පූජා කොරන්ට ඕනෑ. පහන් සුවඳ ආදිය පුදන්ට ඕනෑ. පැන් පාත්තරයක් පූජා කොරන්ට ඕනෑ. උදේ වරුවක නම් කිරිපිඬු, පළතුරු ආදියෙන් පුදනවා නං වඩාත් හොඳා. ඊට පස්සේ බෝධීන් වහන්සේට වන්දනා කොට හොඳට වාඩිවෙලා බුදුගුණ කියමින් වන්දනා කොරන්ට ඕනෑ. බෝධීන් වහන්සේගේ ගුණ ඇතුලත් කවි මිහිරට කියමින් බෝධියට ස්තුති පූජා පවත්වන්ට ඕනෑ. ඊට පස්සේ රතන සූත්‍රය, කරණීය මෙත්ත සූත්‍ර ආදිය මිහිරට කියා මෙත්‍රී භාවනාව කොට ඒ රැස් කළ පින දෙවියන්ටත් පුදා තමාත් අනුමෝදන් වෙන්ට ඕනෑ. ආං එහෙමයි පුතේ බෝධි පූජා කරන්නේ."

මහාමේඝ පුකාශන

● **ජාතක කථා පොත් පෙළ :**

කොටස් වශයෙන් පළවන, ජාතක පොත් වහන්සේට අයත් කතා වස්තුන් "නුවණ වැඩෙන බෝසත් කථා" නමින් පොත් 40 ක් මේ වන එළිදක්වා ඇත.

● **අලුත් සදහම් වැඩසටහන :**

01. දුක් බිය නැති ජීවිතයක්
02. දස තථාගත බල
03. දෙව්ලොව උපත රැකවරණයකි
04. නුවණ වැඩීමට පිළියමක්
05. ලොවෙහි එකම සරණ
06. මෙන් දුකේ රහස
07. නුවණ ලැබීමට මුල් වන දේ
08. නිවැරදි ලෙස දහම දැකීම
09. මොකක්ද මේ ක්ෂණ සම්පත්තිය?
10. පස්ව උපාදානස්කන්ධය
11. ප්‍රඥාවමයි උතුම්
12. නුවණින් විමසීම අපතේ නොයයි
13. පිහිටක් තියෙනවා ම යි
14. කොහොමද පිහිට ලැබගන්නේ...?
15. බුදු නුවණින් පිහිට ලබමු
16. අසිරිමත් දහම් සාකච්ඡා
17. දිව්‍ය සහායක අසිරිය
18. ආර්ය ශ්‍රාවකයාගේ අවබෝධය
19. අසිරිමත් මහාකරුණාව!
20. විස්මිත පුහුණුව
21. අපට සොඳ ය සියුම් නුවණ
22. දුකෙන් මිදෙන්ට ඕනෑ නැද්ද?
23. නුවණැත්තෝ දකිති දහම
24. තමාට වෙන දේ තමාවත් නොදනියි
25. දැන ගියොත් තිසරණයේ, නොදැන ගියොත් සතර අපායේ
26. විහින් අමාරුවේ වැටෙන්න එපා!
27. නුවණින් ම යි යා යුත්තේ
28. සැබෑ පිහිට හදුනාගනිමු

● **සදහම් සිතුවම් පොත් පෙළ :**

01. ජෙත්ත මාණවක
02. බාහිය දාරුචීරිය මහරහතන් වහන්සේ
03. පිණ්ඩෝල භාරද්වාජ මහරහතන් වහන්සේ
04. සුමන සාමණේර
05. අම්බපාලී මහරහත් තෙරණියෝ
06. රට්ඨපාල මහරහතන් වහන්සේ

07. සක්කාර නුවර මසුරු කෝසිය
08. කිසාගෝතමී
09. උරුවේල කාශ්‍යප මහරහතන් වහන්සේ
10. සංකිච්ච මහරහතන් වහන්සේ
11. සුප්පබුද්ධ කුෂ්ඨ රෝගියා
12. නිවී ගිය සේක බුද්ධ දිවාකරයාණෝ
13. සුමන මල් වෙළෙන්දා
14. කාලී යක්ෂණිය
15. මුගලන් මහරහතන් වහන්සේ
16. ලාජා දෙවඟන
17. ආයුවඩ්ඪන කුමාරයා
18. සන්තති ඇමති
19. මහධන සිටුපුත්‍රයා
20. අනේපිඩු සිටුතුමා
21. නන්ද මහරහතන් වහන්සේ
22. මණිකාර කුලූපග තිස්ස තෙරණුවෝ
23. විශාඛා මහෝපාසිකාව
24. පතිපූජිකාව
25. සිරිගුත්ත සහ ගරහදින්න
26. මහාකස්සප මහරහතන් වහන්සේ
27. අහෝ දේවදත් නොදිවිට් මොක්පුර
28. භාගිනෙය්‍ය සංසරක්ඛිත මහරහතන් වහන්සේ
29. උදුල කෙටිය
30. සාමාවතී සහ මාගන්දියා
31. සිරිමා
32. බිලාලපාදක සිටුතුමා
33. මසවා නම් වූ සක්දෙවිඳු
34. ආනන්දය, සර්පයා දුටුවෙහි ද?
35. සුදොවුන් නිරිඳු
36. සුමන දේවිය
37. නමෝ බුද්ධාය
38. චෝරඝාතක
39. සිදුරු පහේ ගෙදර
40. අග්ගිදත්ත බ්‍රාහ්මණයා
41. කාලදේවල තවුසා

● **ඉංග්‍රීසි භාෂාවට පරිවර්තනය වී ඇති ධර්ම දේශනා ග්‍රන්ථ :**

01. Mahamevnawa Pali-English Paritta Chanting Book
02. The Wise Shall Realize
03. The life of Buddha for children
04. Buddhism

පූජ්‍ය කිරිබත්ගොඩ ඥාණානන්ද ස්වාමීන් වහන්සේ විසින් රචිත
සියලුම සදහම් ග්‍රන්ථ සහ ධර්ම දේශනා ලබාගැනීමට

ත්‍රිපිටක සදහම් පොත් මැදුර

අංක 70/A/7/OB, YMBA ගොඩනැගිල්ල, බොරැල්ල, කොළඹ 08
දුර : 077 47 47 161 / 011 425 59 87
ඊ-මේල් : thripitakasadahambooks@gmail.com

www.ingramcontent.com/pod-product-compliance
Lightning Source LLC
Chambersburg PA
CBHW060521030426
42337CB00015B/1967